Regina Vasek

# Ein November in Irland

Lichtblicke durch Regen und Sturm

Regina Vasek

# Ein November in Irland

## Lichtblicke durch Regen und Sturm

Impressum:
© 2016 Regina Vasek

Umschlagbild u. -gestaltung: © Regina Vasek
Layout: Angelika Fleckenstein; spotsrock.de

Verlag tredition GmbH Hamburg

ISBN:     978-3-7345-5982-2 (Paperback)
          978-3-7345-5983-9 (Hardcover)
          978-3-7345-5984-6 (eBook)

Printed in Germany

# Inhaltsverzeichnis

# Widmung

Dieses Büchlein ist zuallererst meinem Mann Christian gewidmet, aber auch meiner Familie in Deutschland. Ich danke Christian für seine Unterstützung und einfühlsamen Anregungen bei der Bearbeitung des Textes.

Eine wertvolle Rückmeldung bei einer Leseprobe kam auch von drei Lehrerinnen aus Deutschland: Claudia, Eva und Heidrun.

Nicole ist eine gute deutsch-irische Freundin aus meiner Nachbarschaft. Ihr sage ich „Danke", dass sie die von mir dürftig übersetzte „Schafsmeditation" in ein verständliches Englisch übertragen hat.

Auch Birte sei Dank für ihr hilfreiches feedback bei den englischen Texten.

Nicht zuletzt danke ich Mary und Michael, weil sie mir ihr zauberhaftes Cottage zum Schreiben und Meditieren zur Verfügung gestellt haben. Sie sind unsere Wochenend- und Feriennachbarn. Es ist immer wieder eine Freude, sie hier zu treffen.

## November-Reflektionen

*Du stehst vor mir*

*im Nebel.*

*Die Linien Deines Körpers*

*sind klar zu sehen.*

*Hinter Dir sind Büsche*

*und ein Baum,*

*strecken ihre Äste*

*zum Himmel,*

*nicht gerade, sondern*

*gerundet, als ob sie*

*die Luft umarmen.*

*Im Raum dahinter sehe ich*

*einen anderen Baum,*

*der seine schwarzen,*

*dünnen Zweige*

*in die nebelige Luft streckt.*

*Hinter diesem Baum*

## November-Reflections

*You are standing in front of me*

*in the fog.*

*The lines of your body*

*are clear to see.*

*Behind you there are bushes*

*and a tree,*

*stretching their branches*

*to heaven,*

*not straight, but*

*rounded, as if*

*embracing the air.*

*Some space behind I see*

*another tree,*

*drawing his black*

*thin branches*

*into the foggy air.*

*Behind this tree*

ist nichts zu sehen.

Der Nebel bedeckt

die Landschaft,

den Horizont vollkommen.

Waren sie je gesehen?

Und was könnte

der Nebel sonst noch

bedecken?

Die Wurzeln in der Erde,

die Käfer im Gras,

und die Feen

unter den Hügeln?

War da irgendeine Gottheit

zu sehen am Himmel?

Was ist sonst noch bedeckt

von dem Nebel

in unserem Kopf?

is nothing to see.

The fog covers

the landscape,

the horizon completely.

Were they ever seen?

And what could

the fog

cover too?

The roots in the soil,

the beetles in the grass,

and the fairies

under the hills?

Were there any Deity

to see at the heaven?

What else is covered

behind the fog

in our head?

# Einführung

In dieser Niederschrift reflektiere ich mein Erleben in Irland, nachdem wir die letzten acht Jahre weitgehend hier verbracht haben. Beim Schreiben lasse ich mich davon leiten, was mir in diesen Novembertagen alles in den Sinn kommt.

Meine Schilderungen des Traumlandes Irland mag dem wirklichen Irland wohl nahe kommen, wollen aber nicht den Anspruch erwecken, die Situation auf der grünen Insel umfassend darzustellen. Ich gehe von meinem subjektiven Empfinden aus, ohne mich allzu sehr auf die reale politische oder soziale Situation einzulassen.

Ein besonderes Interesse gilt der mythologischen Vergangenheit des Landes, die meine Phantasie anregt.

Daneben geht es mir aber auch um die Beschreibung ganz realer Aktivitäten wie das Instandsetzen des Hauses und das Kultivieren des Gartenlandes. Von dem verlassenen Farmhaus, dem überwucherten Gelände und nicht zuletzt der malerischen Landschaft, die es umschließt, fühlten wir uns wie magisch angezogen. Unsere Gedanken kreisten um die Gestaltung der Haus- und Gartenräume, die wir nach und nach in die Tat umsetzten.

Eine wichtige Rolle spielen die Begegnungen und Freundschaften, die hier entstanden sind. Ich habe mich einer Frauengruppe und einem Gartenclub angeschlossen, die meine Interessensgebiete ansprechen und Gelegenheit für geselliges Zusammensein bieten.

Besonders liegt mir daran, mein inneres Erleben, Gedanken, Träume und Meditationen darzustellen, die jedoch nicht als genaue Anleitungen zur Meditation verstanden werden sollen. Über das Qigong, das man als Bewegung in der Stille und Stille in der Bewegung bezeichnen kann, kam ich zur Meditation. Wie in allen östlichen Bewegungskünsten spielt der Atem eine zentrale Rolle. Schon wenn wir unserem Atem lauschen, beruhigt und energetisiert er uns. Darüber hinaus gibt es unzählige Atemübungen, die eine spezielle Schulung erfordern, damit es nicht zu einem schädlichen Eingriff in ein lebendiges Geschehen kommt.

Es gibt Meditationsgruppen in Irland, die jedoch in ländlichen Gebieten nicht von vielen angenommen werden, da Meditation, Qigong und Taichi hier noch zu fremd sind. Aber immer finden sich Menschen, die sich über längere Zeiträume regelmäßig treffen. In den Sitzungen entwickelt sich eine tragfähige meditative Energie. Dabei habe ich wertvolle Erfahrungen gesammelt, die mir hilfreiche Anleitungen und Anregungen für meine eigene Meditation gaben.

Schreiben empfinde ich ebenfalls als Meditation.

# Ein Cottage zum Schreiben

Dem November wird nachgesagt, dass er ein trauriger Monat sei. Er kann Leute in den Selbstmord treiben oder in den Suff – besonders in Irland, wo das trübe, nasskalte Wetter mit seinen nicht selten heftigen Winterstürmen auf das Gemüt drücken kann. Aber heute zeigt er sich von einer anderen Seite.

Ich habe mich in ein Nachbarcottage zurückgezogen, weil ich in diesem November ungestört schreiben möchte. Es ist ein Ferienhaus, das ich für einen Monat benutzen darf. Unser eigenes Haus liegt, durch Bäume und Hecken geschützt, dahinter.

Nachdem ich den Ofen angeheizt habe, mache ich es mir in dem jetzt behaglichen, warmen Cottage gemütlich. Ich sitze an einem Tisch und schaue aus dem Fenster durch die acht Kassetten der weiß gestrichenen Fensterrahmen. Sie lassen die Außenwelt nur in rechteckigen Teilen herein. Die acht einzelnen Bilder fügen sich jedoch zu einem ganzen Landschaftsbild zusammen. Sanfte Hügel malen sich den Horizont entlang.

Die sich ausbreitenden und bis auf die Höhen hinaufziehenden Wiesen schimmern im verblichenen gelblichen Grün des Novembers. Doch es gibt noch sattgrüne Nadelbäume und auch das bräunliche Gestrüpp der Laubbäume und Sträucher mit den letzten bunten Blättern. Darüber breitet sich ein herrlich blauer Himmel mit weißen Schäfchenwolken.

Der November kann auch noch Geschenke verteilen. Zwischen dem sprühenden und nieselnden und schüttenden Regen gibt es noch schöne Sonnentage. Dann lässt er wieder Sturmwinde los, langsam ansteigend bis zu heftigem Rütteln und Heulen. Aber heute wird das Herbstlaub von einem sanften Lüftchen bewegt. Die Blätter, die sich bis jetzt gehalten haben, glitzern im Sonnenschein.

„Reingelegt", sagt der November, und schon trübt sich die Landschaft ein. Ich lege lieber ein weiteres Stück Torf auf das Feuer. Von neuem nieselt es. Trotzdem setzt sich die Sonne noch einmal durch, lässt aber den

Nieselregen eine Zeitlang gewähren. Ein Regenbogen erscheint, die Elemente zu versöhnen.

## Was hat uns hierher gezogen?

Christian, "my spouse", mit dem ich nun schon seit fast 30 Jahren verheiratet bin, hat zuerst seine Leidenschaft für Irland entdeckt. Ein Schlüsselerlebnis war ein beruflicher Aufenthalt in Dublin, wobei er auch das irische Pub-Leben kennen lernte. Die Iren nahmen ihn in ihre Mitte, behaupteten, sein Englisch sei so gut wie ihres, er könne ein Ire sein. Dieser feuchtfröhliche Abend gab ihm das Gefühl, dazu zu gehören. Pubmusik, eine Stimmung voller Sympathie, der Genuss von reichlich Guinness und Whiskey, und schon verstand man sich. Lange Haare und Rauschebart störten keinen. Vielleicht ist er hier in seiner Identität bestärkt worden. Die *„Dubliner"*, die berühmte irische Band, kamen seinem Idealbild sehr nahe.

Danach dauerte es aber noch ein paar Jahre, bis wir zum ersten Mal gemeinsam nach Irland reisten. Mein Traum war es, Muße zu haben, endlich die schönen Dinge zu tun, für die mir in Deutschland neben meiner beruflichen Tätigkeit zu wenig Zeit blieb: einen schönen Garten zu gestalten, schreiben, lesen und meditieren. Neuen Impulsen wollte ich nachspüren und weiterhin meinen Weg gehen, begleitet von Christian und vielen anderen Weggefährten, die mir nahe sind und die ich neu kennen lernen werde. Auch Bücher sind Gefährten. Für meinen Ruhestand hatte ich mir sehr viel vorgenommen.

In einem Reisebericht las ich, dass viel mehr Leute in Irland Bücher lesen als anderswo. Aber noch mehr Leute in Irland sollen wohl Bücher schreiben – an all den langen, trüben Wintertagen, wenn es draußen stürmt und regnet. Man brauche dafür nur einen Stift, Papier und viel Phantasie und eine vertiefte Wahrnehmung dessen, was ist und war: im Zeitalter vor dem Internet. "One cannot throw a stone over a wall, without hitting a poet", behauptete „**See you**" (Zeitschrift zum Lernen der englischen Sprache): ein gutes Klima zum Schreiben also.

Bücher waren es auch, die Irland für Deutsche interessant machten. „**Das Irische Tagebuch**" von *Heinrich Böll* stand ganz vorn. Es wird gesagt, damit soll er mehr Leute nach Irland gelockt haben als es die Sonderkonditionen von Stena-Line, eine Fährgesellschaft, schaffte, die Leute kostenlos nach Irland brachte und nur die Rückreise in Rechnung stellte. Das „**Irland Journal**" half bei der Logistik und bot schon damals informative Berichte, was Irland betraf. Auch der Themenschwerpunkt „Irland" auf der Frankfurter Buchmesse 1996 trug nicht unwesentlich zur Beliebtheit der Insel bei.

Uns selbst hat noch ein anderes Buch angezogen und inspiriert.

Den irischen Autor *John O'Donohue* lernten wir in Dresden kennen, als er auf seiner Lesereise sein Buch „**Anam Cara**" vorstellte. Als ehemaliger katholischer Priester, Philosoph, Dichter und Schriftsteller brachte er seinen Lesern die „Keltische Weisheit" näher. Das Buch wurde ein Bestseller und ist im deutschen und englischen Sprachraum weit verbreitet.

Auch die Bücher von *Alice Taylor*, in denen sie über die alte irische Zeit schrieb, sind zu Bestsellern geworden. Neben dem Schreiben hat sie noch einen Supermarkt und eine Poststelle betrieben. Sie beschrieb den Wandel der Zeit, den sie in ihrer Kindheit im ländlichen Irland erlebte, als das elektrische Licht die alten Geister und den alten Glauben wegfegte und die Feen unter die Erde scheuchte.

# Blick auf einen Novembertag in meiner Kindheit

Mitten im November habe ich Geburtstag – ein guter Grund, mich auf diesen Monat zu freuen. Es war der November 1945, als ich an meinem Geburtstag von der Schule nach Hause ging. Dieser Tag war ein eiskalter Tag. Ich fror entsetzlich, aber die Freude auf die warme Stube, die Erwartung auf die Geburtstagskerzen, den Kuchen und nicht zuletzt all die

Geschenke, von Mutter und Tante Annie liebevoll präsentiert, beschleunigten meine Schritte. Meine Erwartungen wurden voll erfüllt. Geschenke, die es in der Kriegszeit gar nicht gab, fehlten mir auch nicht. Wer uns allen aber fehlte, war mein Vater, der noch im Krieg war. Trotzdem feierten wir fröhlich meinen Geburtstag.

Anschließend zog ich mich wieder zurück, um mich nach meinem Vater zu sehnen. Meine Mutter weinte still für sich, wenn sie sich Sorgen um ihn machte und befürchtete, er könne nicht mehr rechtzeitig zurückkommen, bevor sie sterbe.

Zwar wusste ich, dass sie krank war, daran war ich gewöhnt, aber dass sie auch sterben könne, das konnte und wollte ich mir überhaupt nicht vorstellen. Mutter und ich, Tante Annie, die ihre Schwester bis zu ihrem Tod liebevoll betreute, meine Großeltern und all die noch im Hause lebenden Onkel und Tanten waren keine trauernde Gemeinschaft. Es gab zwar eine gewisse Besinnlichkeit, aber Freude und Spaß gehörten auch zu unserem Leben.

*„Verdirb dem Kind die Freude nicht",* hörte ich oft von meiner Mutter.

Als mein Vater noch im Krieg war, lebten meine Mutter und ich weitgehend im Haus der Großeltern. Gegen Ende ihres Lebens kehrte meine Mutter mit mir und Tante Annie wieder in unsere Wohnung zurück, wo wir meinen Vater erwarteten, der am Nikolaustag 1945 zurückkehrte.

Der kindliche Drang nach Freude und Spiel löste immer wieder die Traurigkeit und Furcht ab. In den Wintermonaten genoss ich es, in der Wohnung zu spielen; entweder mit Freundinnen oder für mich allein. Einmal drängte es mich, ein richtiges Fest zu feiern. Ein Anlass war bald gefunden. Mein Teddybär – rosarot, Alfred war sein Name - heiratete meine Puppe Lilo. Meine Mutter überließ mir alles aus dem Haushalt, was ich zur Festgestaltung brauchte. Das Wohnzimmer wurde festlich geschmückt, und Tante Annie backte für uns den Hochzeitskuchen.

Überhaupt war ich recht einfallsreich beim Spielen und Gestalten. Wenn mir gar nichts mehr einfiel, dachte ich mir Geschichten aus. Das Novemberwetter schreckte mich nicht, solange ich die Wärme im Haus genießen und mit mir selbst und vielleicht auch einer Freundin spielerischen Einfällen nachgehen konnte. Im Sommer spielte ich mit den Nachbarskindern auf der Wiese vor unserem Haus und im angrenzenden Wald.

## Unser erster Winter in Irland

Der erste November, den wir in Irland verbrachten, war fast nur stürmisch und regnerisch. Doch die Behaglichkeit und Wärme des Hauses halfen mir, mich heimisch zu fühlen. Alle wichtigen Renovierungen waren abgeschlossen, die Umzugskartons geleert, wohin auch immer. Wir hatten viel zu viele Sachen aus Deutschland mitgebracht. Unser Haus ist, für ein Cottage, nicht allzu klein. Die Zimmer haben eine angenehme Höhe, welche die Räume größer erscheinen lässt. Und doch war es ein Kunststück, Möbel und Bücher einigermaßen wohnlich zu platzieren. Noch heute gibt es überladene Ecken, noch immer die verzweifelte Frage, wenn ein neuer Gegenstand integriert werden soll: *„Wohin damit?!"*

Trotzdem fanden wir im Haus Ruhe und Entspannung, wenn der Sturm nicht gerade nachts seine Posaunen mitgebracht hatte und Bäume und Sträucher in wildem Rhythmus tanzen ließ. Dann kam die Weihnachtszeit – ausgefüllt mit Kochen, Backen, Briefe schreiben, Päckchen packen, Weihnachten feiern.

Zum ersten Silvester und Neujahr in unserem Haus kam auch meine Tochter Nicky, das neue Jahr mit uns zu feiern. Auch sie schreckten die Stürme wenig, wenn wir drinnen im Haus waren – in behaglicher Wärme am Herd oder am offenen Feuer des Kamins mit abendlicher Kerzenbeleuchtung. Sie hatte jede Menge Räucherwaren mitgebracht: Weihrauchharze mit dem ganzen Zubehör. Mit ihrer Räucherschale schwebte sie durch die Räume, um sie energetisch zu reinigen. Danach wurde das Haus gut gelüftet, und nach dem Schließen der Fenster blieb eine frische, klare Atmosphäre zurück. Einen unruhigen Geist, den wir damit vorübergehend vertrieben hatten, war unser Christian, der Weihrauchdüfte nicht besonders mag.

Auch zwischen Januar und März tobten die Stürme, doch ohne einen Schaden bei uns anzurichten. Unsere Riesenlebensbäume links des Hauses, aufgestellt zum Schutz vor dem Wind, wiegten sich im Takt und brummten im Sound des Windorchesters ihr Lied dazu. Nie hätte ich diesen dicken, hohen Baumriesen so viel Elastizität zugetraut. Nur wenn es Tag und Nacht orgelte, sehnten wir uns nach ein wenig Ruhe.

## Märchenzeit

Der eigentliche Winter begann für mich nach den Weihnachtstagen. Das war auch die Zeit, in der ich schreiben konnte, zumindest in den ersten Jahren. Als ich zum ersten Mal zum Schreiben an meinem Schreibtisch in Irland saß, hatte es gerade geschneit – ein seltener Genuss in diesem Land. Der Schnee inspirierte mich. Weiße Schneekristalle funkten mir Einfälle in meinen Kopf. Sinnigerweise hatte ich mir die Deutung des Märchens „Schneewittchen" vorgenommen. Ich saß am Fenster und schrieb über eine Königin, die am Fenster saß und nähte, als es draußen schneite. Während sie dabei wohl vor sich hinträumte, kam es zu dem berühmten Stich in den Finger, der Blutstropfen in den Schnee fallen ließ.

Das Buch über die Analyse von Beziehungen in diesem Märchen war auch im Großen und Ganzen beendet, als ich das Manuskript nach vier Winterzeiten in sich ruhen ließ. Danach hatte ich nicht mehr das Bedürfnis, die vielen guten Märchendeutungen von Schneewittchen um noch eine weitere bereichern zu müssen. Vielleicht war ich inzwischen aber auch aus dem Märchenalter herausgewachsen und noch nicht weise genug, um als weise, alte Frau wieder hineinzuwachsen. Auch wurde ich zunehmend bequemer in der Winterzeit, liebte es, Bücher zu lesen und Kontakte zu pflegen.

Warum war ich trotzdem insgeheim unzufrieden mit mir? Ich ließ offensichtlich eine schöpferische Seite, die nach Gestaltung drängte, in mir ungenutzt. Aber es leben doch ganz viele Leute recht zufrieden, ohne Bücher zu schreiben oder sonst wie kreativ sein zu wollen. Soll ich mich nicht einfach mit dem, was ist, zufriedengeben? Muss ich mir darüber den Kopf zerbrechen, ob ich mein Schreiben wieder aufnehmen soll oder nicht? Doch immer bleibt mir das Gefühl im Hinterkopf, ich hätte noch etwas zu erledigen. Ich will noch einmal einen Versuch wagen, bevor ich mit dem Wunsch zu schreiben abschließe. Nochmal nutze ich einen Winter dazu, meine Gedanken niederzuschreiben.

## Lust auf Garten

So ein Winter ist schnell vergangen, und vom Frühjahr an braucht der Garten volle Aufmerksamkeit. Meine Kreativität und fast alle meine Energien fließen in den Garten. Ein paar Wochen in Deutschland nimmt er mir schon recht übel. Zwar wässert Christian meine Pflanzen recht gewissenhaft, wenn ich mal wieder in Deutschland bin, aber er hat in seinem Gartenbereich und mit den handwerklichen Aktivitäten genug zu tun, um noch weitere Pflegemaßnahmen zu übernehmen. Natürlich gieße ich auch seine Pflanzen, wenn er einmal ohne mich nach Deutschland reist.

Der Garten schmollt, wenn ich von meiner Reise zurückkomme, bis ich auch das letzte Beet wieder in Ordnung habe, was sich eine Weile hinzieht. Dafür belohnt mich der Garten, indem er wohltuend blüht und grünt. Nachdem ich mich zuerst einmal mit den unerwünschten Pflanzengästen herumgeschlagen und den Boden bearbeitet habe, macht die Gartenpflege wieder Lust. Ich liebe die Siesta bei warmem, sonnigem Wetter auf dem Liegestuhl vor dem Haus. Dies ist die windgeschützteste Stelle unseres Grundstücks. Dazu eine Tasse Tee, vielleicht noch ein Buch, dann verlocken mich schon die Rosen und ihre anderen blühenden und duftenden Begleiter wie Lavendel, Salbei und Frauenmantel, nach ihnen zu sehen und ihnen ein bewunderndes Lächeln zu schenken. Ist alles in Ordnung, haben sie es feucht genug, stimmt die Ernährung, lächeln sie strahlend zurück. Stimmt etwas nicht, geben sie mir das unmissverständlich zu verstehen.

Machen sich ihre Begleiter zu breit oder haben sich gar blinde Passagiere eingeschlichen, die den Blick zu den Blumen verdecken und ihnen die Nährstoffe aus dem Boden stehlen, muss ich meinen Liegestuhl verlassen, Hand anlegen und Abhilfe schaffen. Vielleicht muss ich die Rosen auch gegen eine Invasion von Blattläusen und anderen lästigen Gesellen verteidigen. Danach setze ich mich wieder in den Liegestuhl und schaue abwechselnd in mein Buch und in das große Gartenbeet vor meinen Augen. Alles ist gut. Die Gartenlust ist perfekt.

## Zurück im November

Im November kann man den Garten mehr oder weniger sich selbst überlassen. Heute ist wieder ein grauer Regentag. Es hat sich richtig eingeregnet. Der Wind bewegt die Bäume und Sträucher vor dem Fenster. Eine Amsel schüttelt ihre Schwanzfedern aus – versucht, die ganze Nässe von sich abzustreifen. Sie legt sich quer, um die spärlichen Blätter vom Nachbarzweig zu erwischen. Bald hat der Wind alle heruntergeblasen. Sie sind zu Boden getaumelt, um sich dort niederzulegen. Auch meine Lebensgeister lassen sich zu Boden sinken. Mit sanfter Musik und einer Tasse Tee fühle ich mich gleich wohler. Nun wird der Wind allmählich zum Sturm. Ich sehe weder Vögel noch Kühe draußen. Nur die Schafe drücken sich dicht aneinander vor der Grenzmauer der Wiese. Auf die Entfernung sehen sie aus wie aneinandergereihte Perlen, die ganze Mauer entlang.

Schafe haben Sinn für Choreographie. Sie sind immer gut aufgestellt. Wenn sie sich nicht vor dem Regen schützen müssen oder sich zum Verdauen oder Ausruhen niederlegen, bewegen sie sich viel, und zwar in ständig neuen Formationen, die ihnen niemand eintrainiert hat. Oder sie stehen einfach nur da in Harmonie mit sich selbst und untereinander – so scheint es - in der umgebenden Natur. Das ist die Meditation der Schafe. Mein Eindruck ist, sie haben kein Problem damit, einfach nur still da zu sein, ohne an irgendetwas zu denken. Überraschend auftauchende Leute und ihre Hunde können ihnen einen Schrecken einjagen. Eiligst laufen alle erst einmal weg, bleiben in sicherer Entfernung stehen, um zu schauen, was passiert. Sobald sie merken, die Leute sind harmlos, keiner will ihnen etwas antun – auch ihre angeleinten Hunde machen keine Anstalten, sie zu jagen –, kommen sie wieder zurück.

Hinter unserem Haus auf der Nachbarweide schaut ein großer Felsbrocken mit einem kleinen Hochplateau aus der Wiese heraus. Die Schafe spielen hier eine Art *Reise nach Jerusalem*. Ein Schaf klettert auf dieses Plateau, auf dem nur eines Platz hat, die anderen folgen, und das oberste Schaf macht den Platz frei für das nächste. So kommt jedes einmal nach oben. Die restlichen Schafe bewegen sich um den Fels herum oder stehen einfach nur da und warten auf ihre Chance, den Fels zu erklimmen. Manchmal sind sie ausgesprochen gesprächig. Bleibe ich stehen und höre ihnen zu, kommt es zu einem Dialog. Auf *Mä* und *Mä* und *Mä* kann man sich bestens mit ihnen unterhalten.

In der Zeit der Dämmerung liegen Landschaft und Garten oft friedlich und harmonisch da. Die Stürme haben sich gelegt, der Regen ist zu einem feinen, kaum sichtbaren Nieseln geworden, bis er ganz verebbt. Der Himmel hat sich mit sanftem Licht und gedämpften Farben aufgehellt und lässt das Panorama der Hügel in einem ganz besonderen Glanz erscheinen. Dies wirkt geheimnisvoll und berührend.

Zu Eire, einer Göttin aus dem archaischen Irland, hörte ich von der Vorstellung, dass die irische Landschaft aus dem Körper der Göttin bestehe. Betrachtet man die Formen der Hügel und Berge, kann man leicht weibliche Rundungen erkennen, die das Ruhen eines weiblichen Körpers suggerieren. Breitet sich die schimmernde Abendröte über den Hügeln aus, ist die Mystik perfekt.

Es gibt Farben und Formengebilde am Himmel, die Geschichten erzählen, als seien sie aus der uralten Sagenwelt gegriffen. Diese Dämmerung lädt ein zum Stillwerden und Meditieren: Meditieren wie die Landschaft, die Pflanzen, die Tiere, einfach nur da sein und den Augenblick erleben, kann ein Gefühl des Glücks bedeuten. In Gelassenheit Wetter,

Unbillen des Lebens, das Karussell unterschiedlichster Gefühle über sich hinwegziehen lassen im Bewusstsein einer Urkraft, der wir uns anvertrauen können.

## Meditation

*Einatmend nehme ich die Stille in mich hinein. Ausatmend löse ich alle Spannungen im Körper, vom Kopf bis zu den Füßen. Ich versenke mich in die Betrachtung des Berges vor meinem Fenster. Ich schließe die Augen und spüre den Berg in mir. Wind und Regen umspülen ihn, ohne ihn zu tangieren. Ich lasse den Berg in zunehmender Dunkelheit versinken, aufleuchten in der Dämmerung des neuen Tages. Wolken ziehen über sein Haupt hinweg. Schafe ziehen ihre Runden und rupfen an seinen Grashaaren. Das alles berührt ihn nicht. Er ist einfach nur da.*

*Ganz sachte löse ich den Berg wieder aus mir heraus, und meine Augen geleiten ihn zurück an seinen Platz. Jetzt fühle ich mich wie ein Berg, ruhig und energiegeladen. Ich sehe den Berg außerhalb von mir. Mit seiner Spitze berührt er die Wolken, und seine Seiten lässt er entspannt heruntersinken, bis sie sich nach beiden Seiten ausbreiten wie Arme, die mit den Ausläufern anderer Hügel eine Kette bilden. Alles hängt mit allem zusammen, so wie auch ich mit dem Berg zusammenhänge, aber trotzdem ich selbst bleibe, und mit ihm Freundschaft schließe - in aller Stille.*

## Nachrichten aus Deutschland

Aus Deutschland kam heute eine erfreuliche Nachricht. Gute Freunde haben in der Nacht ihren dritten Enkelsohn bekommen. Wir waren alle in Sorge, weil er schon seit einer Woche angesagt war. Seine Mutter litt an einem Infekt, der einen Kaiserschnitt unmöglich machte. Schließlich schaffte er doch selbständig den Schritt in seine neue Welt. Offenbar hat er sich zunächst geweigert, in dieses trübe Novemberwetter zu kommen.

Ein anderer Freund ist in derselben Nacht im hohen Alter gestorben. Er hatte ein erfülltes Leben, aber er hinterlässt eine trauernde Familie und fehlt seinen Freunden. Ein Erdenbürger geht, ein anderer kommt. Freude und Leid in Deutschland kommen auch bei uns in Irland an.

## Allerheiligen - Allerseelen - Totensonntag

Im November liegen die Gedenktage für die Toten. Irland gedenkt auch der Toten, die in der großen Hungersnot vor 1850 elendiglich dahinsiechten. Ganz in unserer Nähe gibt es einen Kinderfriedhof zum Gedenken an die hier begrabenen Kinder aus dieser Zeit.

Es ist schlimm, wenn Eltern ihre Kinder nicht ernähren können – weder mit Nahrung noch mit Liebe. Sie sind selbst schutzlos ausgeliefert. Die Kinder leiden am meisten. Sie verlieren ihr Urvertrauen in die Eltern, in Staat und Kirche und schließlich in eine helfende Gottheit.

Nachbarschaftshilfe unter den Völkern war damals noch nicht ausgeprägt. Irlands Ressourcen wurden weiterhin ausgebeutet. Die verdorbene Kartoffel fiel als Haupternährung aus. Der Weizen, der in Irland angebaut wurde, war für England bestimmt. Schließlich kamen Quäker aus Amerika, um Suppenküchen zu errichten. Für viele Verhungernde war es schon zu spät. Dann kochten auch die Engländer ein dünnes Süppchen. Das wurde aber nur denen zuteil, die dafür ihren Glauben verrieten.

Die Trauer um die Opfer der Hungersnot ist heute noch in Irland zu spüren. Es gibt viele Gedenkstätten, und noch immer wird viel darüber geredet und geschrieben. Aus aller Welt halten ausgewanderte Familienmitglieder weiterhin engen Kontakt und erinnern an den schrecklichen Verlust an Menschen in diesem Land.

Auch um die Kinder, die in den Institutionen der Kirche missbraucht und misshandelt wurden und gestorben sind, trauert Irland. Unheilvolles kommt ans Licht auf der Insel der Heiligen, wie Irland oft genannt wird wegen der Mönche, die im frühen Christentum Irland christianisierten und später andere Teile Europas dazu.

Es fällt schwer, in diesen Tagen von einer heiligen Kirche in Irland zu sprechen. Das Land ist erschüttert. Gedenkfeiern werden veranstaltet, die Friedhöfe mit den Gräbern der Kinder gepflegt. Die Kirche hat alle Mühe, ihre Essenz zu verteidigen, die Religion der Liebe, wie Christus sie einmal gegründet hat.

Was um Himmels Willen und in aller Welt hat Priester und auch Nonnen veranlasst, Kinder zu misshandeln, zu missbrauchen oder sogar zu töten? Die Not der Opfer ist so unergründlich wie die Grausamkeit und Erbarmungslosigkeit der Täter. Ist dieser ganze Missbrauchsskandal eine Symptomatik einer kranken Gesellschaft, einer kranken Kirche, eines kranken Zeitgeistes? Unter welchem Strom stehen die Täter? Was kann zur Heilung geschehen?

## Träume vom Tod in meinem Leben

Träume erinnern mich an den Tod mir nahestehender Lieben. An einen Traum denke ich besonders: In "Brigit's Garden" stehe ich an einer Sonnenuhr in einem riesigen Kreis, der mit Natursteinen ausgepflastert ist. Auf diesen Garten werde ich später nochmal zurückkommen.

Eine große Figur, aus Mooreiche geschnitzt, zeigt mit ihrem Schatten die Zeit an. Auf der Fläche sehe ich – weit auseinanderstehend – zwei weitere Figuren, in denen ich meine Tante Alma und meine Stiefmutter erkenne, die zwei Frauen, die sich nach dem frühen Tod meiner leiblichen Mutter um mich gekümmert haben. Sie sprechen, beide gleichzeitig, mit lauter Stimme zu mir. Ich kann kein Wort davon verstehen, aber ich fühle, dass sie mir etwas Wichtiges mitteilen wollen. Ernst und eindringlich sprechen sie zu mir. Es kommen keine Worte, aber Gefühle bei mir an. So muss das Zungenreden sein.

Was sagt mir dieser Traum? Was wollen sie von mir? Soll ich für sie beten, sind ihre Seelen in Not? Es war eher mahnend, eine Botschaft wie: *„Nutze die Zeit!"* Trotzdem sprach ich ein Gebet – für sie und auch für mich. Wenige Wochen vor ihrem Tod hat mir Tante Alma ein Erlebnis erzählt. An der Wand ihres Zimmers im Altersheim sei plötzlich folgender Text erschienen: *„Gute Frau muss sterben."* Hat sie diese Schrift aus ihrem eigenen Inneren an die Wand projiziert? War es ein Traumbild, eine Vision? Offenbar gab ihr die Schrift die Bestätigung, dass sie eine gute Frau ist. Dies schien ihr die Angst vor dem Tod zu nehmen.

Meine Tante hatte sich lange gegen das Altwerden und den Tod gesträubt. Sie wollte 100 Jahre alt werden und noch einmal richtig feiern und gefeiert werden. An ihrem 98. Geburtstag war sie sehr müde und konnte das Feiern gar nicht mehr genießen. *„Ich glaube, jetzt bin ich wirklich alt"*, musste sie müde zugeben, als die Gäste gegangen waren. Danach begann sie, sich auf die große Reise vorzubereiten. Sie verlangte nach einem Priester und erhielt die Letzte Ölung. Die nächsten Monate verbrachte sie in besinnlicher Stimmung. In ihren letzten Tagen dämmerte sie fast nur noch vor sich hin und schlief sich sanft hinüber. Am Tag vor ihrem Tode hatte ich sie noch besucht. Sie schlief. Behutsam nahm ich ihre Hand mit meiner Linken und berührte leicht ihre Wange mit meiner Rechten, um sie nicht aufzuwecken. Am nächsten Morgen war sie tot.

Auch von meiner leiblichen Mutter träumte ich. Sie starb, als ich sieben Jahre alt war. In diesem Traum sah ich sie deutlich vor mir. Sie wirkte älter, als ich sie in Erinnerung habe. Silberweiße Haare waren um ihren Kopf gewickelt wie ein Turban, bestückt mit weißen Perlen. Jede Perle eine Träne – so sagt man. Tränen gab es genug in ihrem Leben. Jetzt sind Perlen daraus geworden. Bedeutet das eine Transformation des Leides aus ihrem Erdenleben? Will sie mich hoffen lassen, dass auch meine Tränen zu Perlen werden?

In diesem Traum teilte sie mir mit, sie habe nun sieben Jahre lang am Baikalsee auf einem Gutshof einem Herrn gedient. Jetzt sei sie frei. Eine andere Frage beschäftigte mich mehr: *„Warum hast Du Dich nie bei mir gemeldet?"*, fragte ich sie. *„Ich habe Dich so vermisst!"*

Damit war der Traum zu Ende. Wie kann ich ihn deuten, fragte ich mich. Vielleicht lässt sie mich das später einmal wissen. Bis dahin muss ich mich darauf beschränken zu verstehen, welche inneren Schichten in mir dieses Traumbild heraufbeschworen haben.

Schon in meiner Kindheit gab es Träume, die mich mit ihrer Anwesenheit beglückten. Einmal rettete sie mich aus einer depressiven pubertären Phase, indem sie ihrer jüngsten Schwester Jana in einem Traum erschien – wortlos, aber mit Tränen überströmt. Das veranlasste Jana, eine lange Reise zu mir zu unternehmen, um nach mir zu schauen. Sie verstand sofort und nahm mich aus dieser Situation heraus. Immer, wenn ich an Jana denke, empfinde ich eine tiefe Dankbarkeit.

Träume sind mir sehr wichtig. Manchmal machen sie Freude, erfüllen Wünsche, präsentieren mir in Bildern meine jeweiligen Zustände, dann wieder sind sie Wegweiser oder sprechen Warnungen aus. Solche Träume verstehe ich aus verschiedenen Perspektiven: subjektiv aus meinen eigenen Seelenanteilen – der Traum hat etwas mit mir zu tun. Die auftauchenden Personen stellen Aspekte aus meinem persönlichen Unbewussten dar. Objektiv zeigt er mir etwas von außen – vielleicht etwas, was ich von einem anderen Menschen wahrgenommen habe.

Von Jana aus gesehen könnte es die Trauer um ihre tote Schwester gewesen sein und ihre Sorge um mich, die sie seit sieben Jahren nicht mehr gesehen hatte. Aber können wir ausschließen, dass unsere jenseitigen Beziehungspersonen in der Lage sein könnten, über Träume mit uns zu kommunizieren?

# Abenddämmerung

Die Übergangszeit vom Tag in die Nacht ist ein besonderes Erlebnis. Ich genieße sie zur Sommerzeit im Garten, lasse mich nieder und fühle mich als ein Teil der Natur in friedlicher Stille.

Im Cottage unterbreche ich mein Schreiben und verbringe die kurze Zeit vom Tag in die Nacht sitzend mit Blick aus dem Fenster. Berge und flachere Hügel grenzen sich in deutlicher Kontur gegen den Himmel ab. Blaue, weiße und graue Wolkengebilde umspielen sich in immer neuen Formationen. Verblichene Wiesen bedecken die Erde, erstrecken sich bis hinauf zum Horizont, sinken schwer und entspannt zu Boden. Behutsam gesellt sich Dunkelheit hinzu, kaum merklich, ohne sich aufzudrängen. Sie weiß, dass sie ohnehin das Licht des Tages besiegen wird. Jeder Tag vergeht und leuchtet am nächsten Morgen wieder auf.

## Gedanke an Gott

Denkt man an Tod und Vergehen, ist auch der Gedanke an Gott nicht weit.

*„Gott ist kein Gott der Toten, sondern der Lebendigen"*, heißt es in der Bibel *(Markus 12,27)*.

Demnach sind die Toten nur für uns Lebendige tot, und jenseits aller unserer Wahrnehmungen leben sie weiter. Schon immer haben sich die Menschen Vorstellungen darüber gemacht, wie so ein Leben in einer anderen Welt aussehen könnte. Das ägyptische Totenbuch und auch das der Tibeter lehren fast präzise, welche Stadien ein Verstorbener durchläuft, wenn er sich von seinem stofflichen Körper löst. Sparsamer mit Erklärungen ist da die Bibel. Sie lässt noch Geheimnisse: das Geheimnis des Todes und das Geheimnis der Gottheit. Gott entzieht sich jedem Beweis, jeder Logik, ist weder zu sehen noch zu hören. Am ehesten ist er mit dem Herzen wahrzunehmen, aber ohne eine für die Medizin auszumachende Stelle.

Auch alle bildgebenden Verfahren scheitern, wollen sie Gott in uns entdecken, wie *Manfred Spitzer* glaubt, gefunden zu haben („Gott, wo steckst Du?"; Hörbuch-Diskussion mit *Manfred Spitzer*, Psychiater und Neurowissenschaftler; *Harald Lech*, Atomphysiker und Philosoph;

*„Gunkl" – Günther Paal –*, ein Kabarettist, der Gott grundsätzlich in Frage stellt).

Die östlichen Völker tun sich da leichter. Sie abstrahieren die Gottheit, setzen für Gott das Tao oder das Nirvana ein oder gar das Sein an sich. Mit dem Sein kann man nichts Falsches glauben. Das Sein *ist*, war *vorher* und wird *nachher* sein. Im Sein sind wir präsent, gleichzeitig mit allem verbunden, was ist, war und sein wird. Um unser Sein zu erhalten, müssen wir Lebensenergie von außen in uns aufnehmen, indem wir essen, trinken und atmen. Wie alle Wesen atmen wir lebendige Energie ein und atmen abgestorbene Bestandteile aus. Auch alle Tiere und Pflanzen tun das, die Erde tut das. Wir nehmen auf und geben ab: Wasser, Nahrung und Luft. Verbrauchtes wird ausgeschieden. Unser Atem ernährt uns, indem er Sauerstoff, Stickstoff, Edelgase und Spurenelemente und noch anderes mehr in jede Körperzelle bringt.

Es soll Tiere geben, die sich in langen Winterzeiten nur von der Atemluft ernähren. Ich denke unter anderem an die Pinguine, die einen ganzen Winter lang keine Nahrung zu sich nehmen. Natürlich haben sie auch Fettvorräte vom Sommer in ihrem Körper gespeichert. Nahrung aufnehmen können sie jedoch nur aus der Luft, die mit Lebensenergie geladen ist und außer den chemischen Bestandteilen als Lebenselement noch andere Seinsqualitäten zu haben scheint. Es muss außer den Fettreserven, die ihr Körper bereithält, noch etwas anderes in sie hineinkommen, etwas, das sie auch energetisch am Leben erhält und ein Wohlgefühl ermöglicht.

Speziell trainierten Menschen, wie z. B. Yogis, wird nachgesagt, eine Atemtechnik zu beherrschen, mit der sie lange Zeit überleben können, ohne zu essen und zu trinken. Das klingt unglaublich! Die Tiere passen sich den Gegebenheiten an, um zu überleben. Aber warum sollten Menschen ohne Not auf Essen und Trinken verzichten? Vielleicht wollen sie herausfinden, wozu Menschen in der Lage sind. Auch wir können in Notsituationen geraten. Im Allgemeinen haben wir es in der Hand, ob wir essen oder nicht; wenn wir es nicht aktiv tun, verhungern wir. Anders ist es mit der Ernährung durch den Atem. Wir werden beatmet, auch wenn wir nicht daran denken zu atmen. Sogar im bewusstlosen Zustand atmen wir. Sobald wir das Atmen eingestellt haben, sind wir tot.

Wenn wir einatmen, atmen wir nicht bloß Luft ein, es ist nicht nur ein Austausch von Gas: Dioxid gegen Oxygen. Wir atmen lebendige Energie ein: Lebenskraft oder auch Prana oder Chi genannt. Übertragen in unser mystisch-christliches Denken ist es Geist oder Atem Gottes oder die Auswirkung des Heiligen Geistes. (*"Holy Spirit, Giver of Life"*, heißt es im englischen Glaubensbekenntnis.)

Das ganze Schöpfungs- und Lebensgeschehen lässt sich aber auch völlig Gott-frei erklären. Wir können abstrahieren und über Energie sprechen. Bleiben wir aber in der Gottessymbolik, könnten wir es so sehen: Gott erschuf den Menschen und hauchte ihm eine Seele ein. Es ist der göttliche Atemfunke, der den Erdkloß lebendig werden ließ. Und das machte Gott nicht nur mit Adam und Eva, er macht es mit jedem neugeborenen Kind, geformt aus der Materie des Mutterleibes, das seinen ersten Atemzug tut.

Weitergedacht atmen wir göttliche Energie ein, durchspülen Körper und Geist mit dem Atem Gottes. Können wir Gott nicht spüren, brauchen wir nur auf unsere Atmung zu achten und uns von dem göttlichen Funken beleben und entspannen lassen. Wer sich dessen bewusst ist, kann ständig mit Gott kommunizieren. Dann sind wir also niemals von Gott verlassen, ob wir das spüren oder nicht. Aber *wir* können Gott verlassen. Er drängt uns seine Anwesenheit nicht auf, wenn wir ein „Gott-verlassenes" Leben führen wollen oder ihn einfach in unserer Betriebsamkeit vergessen.

*„Seid gewiss: Ich bin bei euch alle Tage, bis ans Ende der Welt"* (Matthäus 28,20).

Zwar können wir Gott verweigern, aber wir können nicht das Atmen verweigern, wenn wir nicht sterben wollen. So hält Gott ständig eine Verbindung mit uns aufrecht. Vielleicht ist unsere Verweigerung eigentlich ein Schrei nach Gott. Vielleicht führt unser unbewusstes Sehnen irgendwann in seinen Schoß zurück.

Lassen wir einmal all unsere Gedanken beiseite und atmen einfach. Genießen wir, wie der Atem in uns ein- und ausströmt. Er wirkt in uns, auch wenn wir uns seines Wirkens nicht bewusst sind.

# Eine Atemübung aus dem Qigong

*Atmen wie ein Baby, mit dem ganzen Körper, mit der ganzen Haut, mit allen Zellen des Körpers.*

*Vorstellung: Alle Poren der Haut saugen die Atemluft von weit her ein, füllen alle Zellen auf und blasen die verbrauchte Luft, welche die Abfälle des Körpers transportiert, weit hinaus.*

Was wir ausatmen, enthält sicherlich nicht nur den Müll des Körpers. Mit der Ausatmung geben wir auch etwas ab, was für unsere Umwelt wertvoll ist. Die Pflanzen brauchen unser Dioxid und geben uns ihr Oxygen dafür. Atmen ist ein Geben und Nehmen.

Ausatmend erfahren wir Entspannung und Heilung. In der Bibel steht geschrieben, dass **Christus** Kranke durch Anhauchen heilte. Der ausgeatmete Hauch ist also etwas Heilsames. Er befreit uns von Schlacken, von Ablagerungen, von abgestorbenen Zellen, enthält jedoch immer noch genügend Lebensenergie, um beim Passieren unseres inneren Körpers all unsere Zellen zu speisen. Dafür sollten wir uns beim Ausatmen ein wenig Zeit lassen, dürfen die Luft nicht allzu schnell hinausstoßen. Um die Einatmung brauchen wir uns keine Sorgen zu machen. Sobald wir von der alten Luft entleert sind, setzt ein Atemreflex in einem tiefen Atemzug ein. Atmen wir gewaltsam tief ein, verkrampfen wir uns nur, und der Atem bleibt flach. Atmen soll leicht, ruhig und entspannend sein.

*John O'Donohue* sieht in seinem Buch "**Four Elements – Reflections on Nature"** einen Zusammenhang zwischen Gott und dem Atem:

*„Eines der ältesten Worte für Gott in den hebräischen Schriften ist das Wort 'Ruach' was auch Atem heißt.*

*Auch in der griechischen Philosophie war das fundamentale Konzept für Geist das Wort Pneuma, womit auch Luft gemeint war.*

*In der buddhistischen Tradition galt Atmen als die Kunst, in die Präsenz der Gottheit zu kommen, galt als eine sakrale, liturgische Aktivität." (2010, S. 13; übersetzt aus dem Englischen)*

Die Bibel enthält eine bewegende Geschichte von Elias, der auf Gott wartet. Dieser Bibeltext ist in dem Oratorium „Elias" von *Mendelssohn-Bartholdy* wunderbar vertont worden:

> *„Der Herr ging vorüber,*
> *und ein starker Wind, der die Berge zerriss*
> *und die Felsen zerbrach, ging vor dem Herrn her,*
> *aber der Herr war nicht im Sturmwind.*
> *Und die Erde erbebte, und das Meer erbrauste,*
> *aber der Herr war nicht im Erdbeben.*
> *Und nach dem Erdbeben kam das Feuer,*
> *aber der Herr war nicht im Feuer.*
> *Und nach dem Feuer kam ein stilles, sanftes Sausen.*
> *Und in dem Säuseln nahte der Herr."*
> *(Idsteiner Kantorei, 1996)*

Dies kann auch Thema für eine Meditation sein. Wenn sich unsere inneren Stürme gelegt haben und wir zur Ruhe gekommen sind, können wir das sanfte Säuseln unseres göttlichen Atems vernehmen.

# Morgendämmerung

Am frühen Morgen genieße ich die Zeit der Dämmerung in unserem Haus:

*Ich* stehe auf, wenn es noch dunkel ist.

*Ich* platziere mich mit Blick auf das Fenster und zünde eine Kerze an.

*Ich* atme die Dunkelheit in mich hinein und atme in die Dunkelheit hinaus.

*Ich* fühle mich wohl im Dunkel der Nacht, welches mit der Kerzenflamme in einem Kontrast steht, der die Dunkelheit betont.

*Ich* spüre die Stille der Nacht in mir, bis ich gewahr werde, dass sich Töne in die Dunkelheit mischen: Farbtöne von Dunkel- zu Marineblau, die eine neue Dimension aufwerfen, eine neue Tiefe besitzen.

Nachdem ich diese Farben in mich aufgenommen habe, klingt ein neuer Ton an, ein Indigoblau, das mich ganz einhüllt und mich birgt. Nun steige ich Stufe um Stufe die Tonleiter der Farbe Blau in jeweils helleren Tönen hinauf, bis der Himmel eine Symphonie in allen Schattierungen des Himmelblaus aufführt, bis die Sonne sich einmischt, über allen Farben steht und ihnen Licht und Glanz verleiht.

# Meditation der Schafe

Als ich am Morgen
die Landstraße entlang
in Richtung Ballinrobe fuhr,
sah ich zur Linken
eine ungewöhnliche Formation der Schafe.
Die Schafherde ruhte
in der Mulde eines ansteigenden Geländes
gleichmäßig auf der Wiese verteilt.
Die Schafe lagerten am Boden,
die schwarzen Köpfe in meiner Fahrtrichtung,
mit Blick auf die milde Wintersonne.
Sie lagen in vollkommener Ruhe
in sichtlichem Wohlbehagen
auf dem fahlen Wintergras.
Jedes Schaf hatte seinen Raum um sich
in einem Abstand,
der Nähe zu den anderen zuließ,
sie aber nicht bedrängte.
Unterschwellig
schienen sie aber alle zusammenzuhängen,
wie in ein unsichtbares Netz
hineingewoben.
Der wohlig-zufriedene Eindruck,
den sie machten,
suggerierte,
dass sie noch an einem anderen unsichtbaren Faden
zu hängen schienen.
Sie sind mit ihrem Farmer oder Hirten verbunden,
der sie wahrscheinlich
gerade gut gefüttert hatte,
ein guter Hirte eben.

So sind sie mit sich
und der Welt im Frieden.
Mit ihrem Bauch wärmen sie die Erde,
die ihnen Energien
aus tieferen Schichten sendet.
Es ist ein trockener, sonniger Tag.
Sie fühlen die angenehm frische Luft um sich herum,
die sie in vollen Zügen genießen.
Sie bieten einen recht feierlichen Anblick,
wirken wie kleine, weiße Wölkchen,
von ihrem Schöpfer
auf die Wiese gehaucht,
mit schwarzen Köpfchen,
die sich ihm entgegen recken,
wenn er ihnen in Gestalt der Sonne
seine Wärmestrahlen schickt.
Vielleicht halten sie gerade eine Schafsmesse ab
und singen,
nur hörbar für ihn allein, ihr:
„Großer Gott, wir loben Dich!"
Was sie in ihrer meditativen Ruhe alles erleben,
das wissen nur sie
und Gott allein.

# Meditation of the Sheep

When I drove along
the road to Ballinrobe
in the morning,
I saw an unusual formation
of sheep to the left.
The flock of sheep rested
in the mould of a rising ground,
distributed evenly on the meadow.
The sheep were lying down,
the black heads facing the mild wintersun
in the direction of my journey.
They were in perfect tranquillity
in obvious well-being
placed on the pale wintergrass.
Each sheep had his space around itself
close, but not to close
to impose on the other.
Subconsciously they all seem
to be connected to one another
as in an invisible network interwofen.
They made a satisfied impression,
that suggests
that they are attached
to another
invisible thread
to their farmer or shepherd,
who had probably just fed them well
like a good shepherd does.
Thus, they are with themselves
and the world in peace.

They are warming the earth with their bellies,
which sends them energies
from deeper layers.
It is a dry, sunny day.
They feel the pleasant fresh air around them,
and enjoy it to the fullest.
They offer a very solemn sight,
look like little white clouds,
breezed from their creator
on the meadow.
They are stretching
their black heads to heaven,
when He,
in the shape of the sun,
is sending them
His warm beams of love.
Maybe, they are holding a sheepmass now
and sing,
only audible for Him alone, their:
"Holy God, we praise Thy name!"
Whatever they experience in their meditative stillness,
that they only know themselves
and God alone.

# Gini

Noch ein Familienmitglied ist mit uns nach Irland gekommen: Gini, eine Bordercolliehündin. Bordercollies sind die Hütehunde in Irland und sollen die einzigen Hunde sein, die Schafe mit Blicken lenken können. Wenn sie die Schafe von den Hügeln heruntertreiben, scheinen sie federleicht über die Wiesen zu fliegen. Als wir sie in Deutschland aus dem Tierheim geholt hatten, ahnten wir nicht, was für einen Wildfang wir uns da eingehandelt hatten. Ein sechs Monate alter Colliemix wurde uns angeboten. Sie habe noch keine Kultur, aber sie sei ja jung und lernfähig. Von Bordercollies und ihrem Bewegungsdrang hatten wir noch nie etwas gehört.

Lernfähig war Gini. Innerhalb von zwei Wochen war sie stubenrein, schnappte uns nicht mehr die Brötchen aus der Hand, räumte nicht mehr den Brotbelag vom Frühstückstisch und sprang auch nicht mehr mit einem Satz mitten ins Ehebett. Eindringliche Ermahnungen brachten sie dazu, sich unseren Gewohnheiten weitgehend anzupassen. Umgekehrt zeigte sie auch recht eindringlich, was sie von uns erwartete.

Wenn ich beim Spazierengehen auf einer Wiese stehen blieb und die meditative Qigong-Position „Stehen wie ein Baum" einnahm, ließ sie sich still neben mir nieder und meditierte ebenfalls. Danach setzte sich ihr Bewegungsdrang wieder durch. In bestem Hütehund-Instinkt versuchte sie, alles zusammenzutreiben, was sich bewegte: Autos, Radfahrer, Jogger, sogar Kaninchen, die sie überholte und mit ihnen Haken schlug, ohne ihnen je etwas zuleide zu tun. Sie war ein sehr freundlicher, liebevoller Hund.

Als wir sie nach Irland brachten, war Gini schon 13 Jahre alt. Ihr Alter hatte sie ruhiger gemacht, sie konnte nicht mehr so wild mit anderen Hunden herumtoben. Wir hatten schon Sorge gehabt, dass sie den Umzug nicht mehr erleben würde, aber hier blühte sie noch einmal richtig auf. Sie genoss das weiträumige Grundstück, auf das sie jederzeit hinausgehen konnte. Auch längere Spaziergänge waren wieder möglich.

Unsere Angst, Gini könnte Schafen hinterherjagen, war unbegründet. Sie war in Deutschland schon einmal mit einem Elektrozaun in Berührung gekommen, hinter dem Schafe weideten. Der Stromschlag erschreckte sie dermaßen, dass sie Schafe überhaupt nicht mehr leiden konnte und ihnen lieber aus dem Weg ging. Noch drei schöne Jahre hatten wir mit Gini zusammen. Sie starb, als ich gerade in Deutschland war, im Alter von 16 Jahren. Christian hatte sie in ihren letzten Tagen liebevoll begleitet, aber meine Nähe hätte sie sich wohl auch gewünscht.

Mehrmals träumte ich von ihr. Einmal stand sie an der Haustür und wollte hinaus. Mit großen Augen schaute sie mich an, als wollte sie fragen: *„Warum warst du nicht da, als ich starb?"* Dann wandte sie sich ab von mir und ging hinaus. Ich hätte mir gewünscht, dass sie sich noch einmal nach mir umschaute, aber sie schaute nicht zurück.

Gini ist auf einem ihrer früheren Lieblingsplätze am Rande des Lebensbaumwaldes, der zur Linken unseres Hauses das Grundstück begrenzt, begraben. Da man in Irland der Steine und Felsen wegen selten tief graben kann, hat Christian einen Hügel aus Steinen und Erde über das Grab gehäuft. Noch lange Zeit hatte ich es mit Blumen bepflanzt, jetzt überlasse ich es der Natur, eine Decke aus Gräsern darüberzubreiten.


# Novembersonne

Die Morgensonne verspricht einen schönen Tag. Eigentlich sollte ich spazieren gehen. Ich begnüge mich damit, Fenster und Türen zu öffnen, um die sonnige Luft hereinzulassen, mache einen Gang hinaus mit dem Aschenkasten und gehe zum Torfschuppen, um neues Brennmaterial zu holen. Damit zünde ich das Feuer im Herd an. Obwohl es heute Morgen zum ersten Male gefrorene Autoscheiben gab, hat die Sonne draußen schon gut aufgewärmt. Deshalb brauche ich nur mäßig zu heizen. Die Wärme aus dem Ofen breitet sich aus, ich schließe die Türen und das Fenster bis auf einen kleinen Spalt, damit die sonnige Luft herein kann.

Folgende Meditationsform habe ich in der ersten Meditationsgruppe in Irland kennen gelernt. Sie ist bekannt als **Herz-Chakra-Meditation.** Weil ich gerade viel Zeit im Cottage verbringe und daher hauptsächlich innerlich bewegt bin, nutze ich diese Form als Vorbereitung zum Schreiben. Ich gebe sie weiter, wie ich sie in Erinnerung habe, wenn auch in leichten Variationen. Anstatt spazieren zu gehen, bewege ich mich im Raum. Dazu gehört die dynamische, rhythmische Musik der CD von *Karunesh*. Bewegung und Musik bringen Herz und Kreislauf in Schwung, das soll mir das Walken draußen ersetzen.

Die Handflächen über meiner Brust aufgelegt stehe ich im Raum, spüre, wie der Atem die Brust hebt und senkt. Einatmen geschieht durch die Nase, Ausblasen der Luft durch den leicht geöffneten Mund.

**Erste Stufe:** Nach ein paar Atemzügen hebe ich den rechten Fuß und mache einen Schritt nach vorn, setze erst die Ferse auf, dann folgt der restliche Fuß, wobei sich das Körpergewicht auf diesen vorschiebt. Gleichzeitig mit dem Fuß pusht die rechte Hand nach vorn, während der Mund den verbrauchten Atem weit hinausstößt. Die Hand sammelt neue Luft ein und legt sich wieder auf die rechte Brustseite, um diese erneut aufzufüllen. Dasselbe geschieht danach mit dem linken Fuß und der linken Hand. Dieses abwechselnde Hin und Zurück wird etwa vier Minuten praktiziert; Pause.

**Zweite Stufe:** Nach einer kurzen Pause dreht sich der Körper nach links, dann folgt ein Schritt zur linken Seite, wieder zurück zur Mitte, danach Drehung zur rechten Seite und zurück zur Mitte. Rechts und links im Wechsel, wieder vier Minuten lang; Pause.

**Dritte Stufe:** In der dritten Sequenz richten sich die Schritte nach hinten; Drehung nach links – zurück; Drehung nach rechts – zurück; Pause.

**Vierte Stufe:** In der vierten Sequenz werden die Richtungen gewechselt. Erst vor – zurück; dann rechts – zurück; links – zurück, gefolgt von der Drehung der Schulter nach links. Wieder ein Schritt nach hinten – zurück; dann führt die rechte Schulter nach rechts für die Schritte nach hinten – zurück.

Der Stand bedeutet die Gegenwart, die Schritte nach vorn die Zukunft. Rechts liegt unsere weibliche, links unsere männliche Seite. Hinter uns liegt die Vergangenheit.

Es geht um die Integration aller unserer Anteile: mit Schwung auf die Zukunft zugehen, eine Balance unserer weiblichen und männlichen Anteile finden, in Dankbarkeit und Vergebung in unsere Vergangenheit blicken, sie, losgelöst von allen Belastungen, wieder in den Hintergrund treten lassen.

Nachdem die Bewegungen eingeübt und die Bedeutungen der Richtungen verinnerlicht sind, sollte man am besten an gar nichts mehr denken, sondern die Achtsamkeit nur auf die Bewegungen und das innere Gefühl des Körpers richten.

Diese Übungen füllen Herz und Körper mit frischer Lebensenergie und führen zu tiefer Entspannung. Zum Schluss kehre ich zurück in die Gegenwart und nehme wahr, wie ich mich wieder einreguliere und den jetzigen Augenblick genieße: eine gute Vorübung zur stillen Meditation oder eben zum Schreiben.

# Atembilder

Wenn ich das Fenster öffne und hinausatme – wo geht mein Atem hin? Zu dem Rotkehlchen auf dem Baum vor dem Fenster? Zu den Kühen am Horizont? Es sind zwei schwarze und eine weiße. Es sieht aus, als seien sie in irgendeine Aktion miteinander verwickelt. Sie veranstalten ein „Maulgemenge". Erst entfernt sich die weiße ein paar Schritte, dann geht die schwarze zu ihr, und die andere schwarze wendet sich nach rechts ab, sucht Distanz. Ob sie sich etwa um meinen Atem gestritten haben? Das Rotkehlchen ist weggeflogen. Hat es genug von meinem Atem? Oder langweilt es sich, weil ich mit den Kühen beschäftigt war?

Der Atem macht alles lebendig und verbindet alles miteinander. Nur die Toten atmen nicht mehr – zumindest nicht in unserer Welt. Haucht ihnen der Schöpfer in der jenseitigen Welt vielleicht neuen Atem ein? Oder atmen Seele und Geist immer noch? Werden Seele und Geist hineingeboren in eine neue Atmosphäre?

Vieles ist vorstellbar. Wir sollten uns aber unsere jenseitige Welt nicht durch zu festgefügte Vorstellungen verstellen. Ist es möglich, unser Dasein in jedem Augenblick voll zu erleben, offen zu sein für alles, was wir jetzt und am Ende unseres Lebens erfahren werden sowie beim Übergang in unsere neue Welt? Werden wir staunend wie ein Kind annehmen, was uns begegnet? Können wir uns ohne Vorurteil darauf einlassen, dass eine regulierende Urkraft uns aufnimmt und schützt?

# Der keltische Steinkreis

Die Novembersonne hat mich doch noch aus dem Cottage gelockt. Ich spaziere den Berg hinter unserem Haus hinauf. Auf den ersten Horizont, der zu sehen ist, folgt noch einmal ein Anstieg mit einem weiteren Horizont. Links von dem noch weiter aufsteigenden Weg liegt ein, nun etwas verfallener, ehemaliger Steinkreis. Nach Ansicht von Archäologen soll hier in der Bronzezeit ein keltisches Ringfort gelegen haben. Auf dem Gelände rechts vom Weg könnten die vielen versprengten Steine zu einer keltischen Siedlung gehört haben. Auf der Anhöhe des Steinkreises kann man eine herrliche Landschaft zwischen zwei Seen überblicken, die friedvoll und harmonisch vor mir liegen.

Zwischen den Blöcken des Steinkreises konnte ich keine besonderen Energien spüren. Eher musste ich dabei an Menschen denken, die in keltischen Ritualen geopfert wurden. Sicher handelte es sich nicht nur um Freiwillige, die sich aus Liebe zum Wohle der Gemeinschaft dargebracht hatten. Welche Dramen haben sich hier wohl abgespielt? Haben jene frühen Menschen ihre Gefühle in diesem Kreis hinterlassen? Gefühle von Liebe, Spiritualität, aber auch von Aggression, Leid, Furcht und Verzweiflung?

Bisher hatte ich diesen Ort nur im Sommer besucht. Jetzt im November hatte ich eine Scheu, den Hügel zu erklimmen. Während ich mit meinen Walking-Stöcken durch die strohigen Grassoden hinaufstocherte, überfiel mich plötzlich eine unerklärliche Angst. Als wir hier ankamen, war das

Gelände teilweise noch sumpfig, und unsere Wasserleitung führte hindurch. Inzwischen ist ein Weg hinaufgebaut worden, und Drainagen sorgen für den Abfluss des sumpfigen Wassers. Was sollte ich befürchten? Zu fallen? In dem dicken Gras würde ich weich fallen. Auch würde ich nicht in einem Sumpf versinken oder mich im Nebel verirren. Ich fühlte mich einfach unbehaglich, machte auf halber Strecke kehrt und zog mich auf den Weg, der den Hügel begrenzte, zurück. Hier fühlte ich mich wieder sicher. Bei meiner Ersterkundung im Sommer hatte ich solche Ängste nicht gespürt. Schönheit und Harmonie der Landschaft hatten mich tief beeindruckt.

## Aufziehende Wolken

Wieder auf meinem sicheren Weg bot mir die Sonne hinter den nächsten Hügeln ein faszinierendes Schauspiel. Sie schien sich durch die Wolken zu drücken, bis sie nur noch durch einen dünnen Wolkenschleier verhüllt war. Um sie herum flimmerten ihre durch die Wolken verkürzten Strahlen. Ein roter Kreis hatte sich um die Sonne gebildet, blinkte in die Landschaft hinein. Unmöglich, den Blick abzuwenden. Wird nicht so gefährlich sein – eine wolkenverschleierte Novembersonne in einem blinkenden, roten Ring. Und doch wirbelte sie einen Schwarm kleiner, schwarzer Fliegen um mich herum. Diese Fliegen verdichteten sich zu einer einzelnen dicken, schwarzen Fliege, die sich nicht abschütteln ließ. Hielt ich den Kopf still und schaute nur geradeaus, war sie nicht mehr da. Bewegte ich meinen Kopf, sah ich aus meinen Augenwinkeln, dass sie sich mit meinem Kopf im selben Tempo synchron bewegte. Sie war noch lange meine Begleiterin.

Als ich wieder den Weg hinunterstieg, sah ich das Gelände um unser Haus herum, das durch Bäume verdeckt ist, unter mir liegen. Weiter dahinter liegt der See glänzend da, begrenzt von einem Berg zur Rechten, der seine Nase in Richtung Himmel streckt.

Rechts vom Weg sehe ich das Haus von Birte und Brendan. Es liegt unterhalb des Steinkreises, abgegrenzt durch einen ganzen Horizont. In unseren zweiten Sommerferien in Irland waren wir zum ersten Mal bei ihnen eingeladen, und wir verbrachten bei Birte und Brendan einen wunderschönen Sonntagnachmittag.

Birte hatte ein wahres Festmahl gezaubert. Sie stammt aus Dänemark. Beim Studium in London hatte sie Brendan, einen gebürtigen Iren, kennen gelernt. Ihren Urlaub verbrachten sie mit ihren Kindern weitgehend in Irland ganz in unserer Nähe. Nachdem sie ihre Anwaltskanzlei in London aufgelöst hatten, erfüllten sie sich den Wunsch, ihren Ruhestand in Irland zu verbringen. Brendan ist leider vor drei Jahren gestorben. Er war eine imposante Erscheinung, so wie man sich einen echten englischen Lord vorstellt. Dazu Birte, eine herzliche, liebevolle Lady. Nach seinem Tod hat sie ihr Leben tapfer gemeistert. Ihre Kinder besuchen sie so oft sie können, und Birte reist auch regelmäßig zu ihnen. Ich habe schon viele schöne Stunden in ihrem Haus verbracht, und sie ist auch bei uns ein gern gesehener Gast.

# Eine alte Farm

Das gesamte Gelände bis über die Hügel hinauf, einschließlich des Steinkreises, gehörte einmal einem alten Ehepaar. Nach ihrem Tod wurde der Farmbesitz unter ihre drei Kinder aufgeteilt, die es dann weiterverkauften. Das Cottage, in dem ich jetzt sitze und schreibe, steht auf dem kleinsten Teil des Farmbesitzes, der Berg hinter und über unserem Haus gehört inzwischen einem anderen Nachbarn. Auf dem Teil, den wir später erworben haben, stehen ein Haus und drei Nebengebäude: ein Stall, ein Schuppen und ein altes Wohnhaus. Handverlesene Natursteine wurden ohne Mörtel zusammengefügt, um dieses alte Wohnhaus zu bauen. In Irland verstand man sich darauf, solch dicke Mauern, die stabil und trocken sind, zu errichten. Nachdem die Farmersfamilie sich ein neues Haus auf ihrem Gelände gebaut hatte, benutzten sie das alte Cottage als Vielzweckraum.

Im Laufe der Jahre, als niemand hier wohnte, verfiel das alte Cottage immer mehr, und an einem besonders stürmischen Wintertag flog uns das verrottete Dach davon. Jetzt hat Christian die Mauern wieder instand gesetzt und unter fachkundiger Anleitung und tätiger Hilfe unseres nächsten Nachbarn ein neues Dach errichtet.

Gleich nach Erwerb des Grundstückes schlug dieser uns einen Deal vor. Für einen acht Meter breiten Streifen Land an unserer gemeinsamen Grenze entlang bot er uns Geländearbeiten auf unserem Grundstück und handwerkliche Tätigkeiten in unserem Haus an. Dieses Angebot nahmen wir gerne an. Unser Nachbar ist ein handwerkliches Multitalent – stets freundlich und hilfsbereit. Wir haben großes Glück, ihn an unserer Seite zu haben. Mit ihm, seiner Frau und ihren drei prächtigen Kindern verbindet uns eine sehr angenehme Nachbarschaft.

## Nachbarschaftshilfe

Ursprünglich besaß unseren Teil des Farmbesitzes eine Familie, die dann doch nichts damit anfangen konnte. Drei Jahre lang stand es leer, bis wir es kauften.

Bei unserem ersten intensiveren Kennenlernen des Hauses zündeten wir in dem alten Herd des Wohnraums ein Feuer an. Es qualmte fürchterlich. Daraufhin eilte unsere Nachbarin zur Rechten zu Hilfe. Ein Handgriff, und der Qualm war gestoppt. Wir wurden Freunde. In ihrem Haus waren wir jederzeit willkommen: zum Tee und zum Rat holen, zu Gesprächen in gegenseitigem Verständnis. Immer wenn wir zum Urlaub aus Deutschland kamen, das Haus zu renovieren und unsere Umgebung näher kennen zu lernen, brachte sie uns ein köstliches selbst gebackenes irisches Brot.

Leider hat sie nicht mehr erlebt, wie wir kurz nach ihrem Tod hier eingezogen sind. Einer ihrer Enkel starb unerwartet im Alter von 20 Jahren. Er war ihr ganzer Stolz, ein vielversprechender junger Mann, bis dahin gesund und sportlich. Sein Tod hat sie tief erschüttert. Ein Jahr danach verabschiedete sie sich von uns, als wir wieder nach Deutschland zurückreisten, mit der Nachricht, dass sie zu einer Herzoperation in Dublin angemeldet sei. Sechs Wochen nach der erfolgreichen OP starb sie überraschend im Beisein ihrer Schwester nach dem Mittagessen. Bei unserer nächsten Ankunft fehlte sie uns sehr, denn sie war eine der ersten, die uns hier willkommen hieß.

Der Tod ihres Enkels war für die ganze Familie eine unfassbare Katastrophe. Sein Vater setzte ihm auf seinem Gelände ein Denkmal, indem er einen Wanderweg anlegte, der den ganzen Berg hinaufführt. Der Name seines Sohnes ist auf einem Naturstein eingraviert mit dem Bild des jungen Mannes. Es ist ein privater Weg, darf aber von der Nachbarschaft genutzt werden. Er wurde unter großem Aufwand gebaut und mit Wildsträuchern gesäumt.

Ein anderer Nachbar ist Joseph. Auf einem Erkundungsgang unserer nächsten Umgebung sahen wir einen Weg, der nach oben zu einer alten, schilfgedeckten Hütte führte, die wir interessant fanden. Da kam uns ein Mann hinterher und fragte, wohin wir wollten. Wir befanden uns auf seinem Anwesen, das er uns gerne zeigte. Die Hütte auf der Anhöhe war ursprünglich sein Elternhaus und ist jetzt sein Kuhstall, der auf einer ebenen Wiese über dem See liegt und mit all den Hügeln dahinter einen phantastischen Ausblick bietet. Was für ein Glück diese Kühe haben, in so exzellenter Lage zu leben! Joseph, so stellte er sich uns vor, lud uns in sein Haus unterhalb der Kuhweide ein. Auch Jean, seiner Frau, waren wir willkommen. Joseph holte Whiskey und Brandy, um unsere neue Nachbarschaft zu feiern. Die beiden sind uns richtig gute Freunde geworden.

Ihr Haus wurde etwa zur gleichen Zeit, vor etwa 50 Jahren, im selben Layout wie unseres erbaut. Joseph und sein Freund hatten beim Bau unseres Hauses geholfen. Er zeigte uns, wo er in dem Vorbau um die Haustüre die Jahreszahl in den Beton des Fußbodens geritzt hatte. Christian sparte diese Stelle beim Fliesenlegen aus und setzte eine dicke Glasscheibe darüber. Joseph erzählte uns von einem fürchterlichen Sturm, der über Irland wütete, als sie gerade das Dach gesetzt hatten. Dass dieses Dach vom Sturm nicht weggeblasen wurde, zeigte ihnen, welch gute Arbeit sie geleistet hatten.

## Sturm über Irland

Den nächsten Sturm in dieser Stärke haben wir später selbst erlebt, als wir am 2. Weihnachtstag (St. Stephen's-Day) 1998 auf unserer ersten Reise in diese Region im Flugzeug saßen. Es war nicht möglich, in Dublin zu landen, weil der Sturm derart tobte, dass eine Landung nicht riskiert werden konnte. Immer, wenn der Flugkapitän zur Landung ansetzen wollte, schien das Flugzeug abzustürzen. Wir fielen und wurden durch die Kunst des Piloten und tragenden Luftströmen, vielleicht auch durch die Hand Gottes, wieder aufgefangen. Diese Vorstellung half mir, Vertrauen zu gewinnen und nicht in Panik zu geraten. Einige unserer Mitreisenden hatten die ersten Turbulenzen mit Humor genommen, Kinder freuten sich über die Achterbahnfahrt. Aber irgendwann herrschte Totenstille.

Stürzen – gehalten sein; stürzen – gehalten sein. Nach jedem Sturz erwartete ich das Gehaltenwerden. Ich zog mich ganz in meine Mitte zurück, fühlte mich wie im Mittelpunkt einer Kugel, in der ich sicher war.

Der Pilot sah ein, dass eine Landung nicht möglich war und zog die Maschine hoch, um nach Belfast zu fliegen. Auch in Belfast war Sturm, der zunächst dasselbe Spiel mit uns treiben wollte. Aber diesmal gelang dem Piloten die Landung. Erst nach zwei Stunden konnten wir aus dem Flugzeug befreit werden, in dem es sich wie in einem Fernreisezug anfühlte. Dann saßen wir noch einige Stunden im Belfaster Flughafen fest, bis der Sturm sich gelegt hatte und wir nach Dublin zurückfliegen konnten.

Nachher entschuldigte sich der Pilot, *"All, what could go wrong, got wrong."* Er lobte das ruhige, disziplinierte Verhalten der Fluggäste und brachte uns sicher nach Dublin.

Dieser Sturm hat viele Schäden angerichtet. Es kam zu Stromausfällen, erheblichen Sachschäden, entwurzelten Bäumen, und zwei Menschen wurden in ihrem Auto von einem Baum erschlagen. Trotzdem ließen wir uns nicht daran hindern, uns hier ein Haus zu kaufen, wo wir unsere Ferien verbringen konnten.

Für mich habe ich eine äußerst wichtige Erfahrung gemacht: In solchen Notsituationen wird eine innere Kraft freigesetzt, die mich trägt und der ich mich anvertrauen kann.

Manche Texte und Lieder begleiteten und beruhigten mich auf meinen Flugreisen, wie dieses, das ich still in mich hineinsang: *„Lobet den Herren, der alles so herrlich regieret, der dich auf Adelers Fittichen sicher geführet, der dich erhält, wie es dir immer gefällt, lob ihn in Ewigkeit, Amen."*

Alle meine weiteren Flugreisen liefen ruhig und sicher ab. Mit der Angst muss ich mich **vor** dem Flug herumschlagen. Ich nutze mein ganzes Repertoire an Übungen zur Beruhigung und Entspannung. Bis zum Start des Flugzeuges habe ich meine Angst überwunden. Ich vertraue mich dem Flugzeug, dem Piloten und nicht zuletzt der Hand Gottes an. Aber ich bin jedes Mal dankbar und froh, nach der Landung wieder Boden unter den Füßen zu haben.


# Die andere Welt

Es mutet abenteuerlich an, sich im Ruhestand in einer anderen Welt niederzulassen und einen Neuanfang zu wagen, statt Verpflichtungen abzubauen und das Nichtstun zu genießen! Irland, die Insel, die in vermuteten 1000 Grüntönen schimmert, wenn es nicht gerade November ist, suggeriert Hoffnung auf ein neues erfülltes Leben. Wir wollten die eigentümlich schöne Natur in uns aufnehmen, die Farbspiele des Himmels, die einfachen und doppelten Regenbogen, die weite Räume umspannen. Hinter jedem Hügel kann man ein anderes Wetter finden. Überhaupt zeigt sich das Wetter in Irland sehr abwechslungsreich; bis auf die Wintermonate, da kann der graue Himmel mit Regen und Wind sehr beständig sein, aber auch darauf ist kein Verlass.

*„Was wollt ihr denn bei dene Irre?"* Das fragte meine Mutter immer wieder. *„Bleibt im Land und nährt euch redlich!"* Unser Drang nach Irland gefiel ihr gar nicht. Doch mit der Zeit wurde sie duldsamer. *„Hauptsache, ihr fühlt euch wohl"*, war dann ihre stereotype Redensart.

Der Abschied von unseren Familien und Freunden fiel nicht so leicht. Doch trösteten wir uns damit, dass wir ja nur zwei Flugstunden von Deutschland entfernt sind, sodass wir uns leicht gegenseitig besuchen können. Von Zeit zu Zeit reisen wir nach Deutschland und freuen uns auch über den Besuch von Familie und Freunden in Irland. Über unser Befinden halten wir uns gegenseitig mit Telefongesprächen und Mails auf dem Laufenden und nehmen Anteil an unserem Erleben.

Was wollen wir hier, was wir nicht auch in Deutschland haben könnten? Da ließen sich einige Gründe aufführen, aber letztlich ist die Liebe zu einem Land ebenso schwer zu erklären wie die Liebe zu einem Menschen. Oft sind es tief unbewusste Sehnsüchte, die zu einer Entscheidung führen, welcher Mensch/welches Land uns entspricht.

## Wir wollten etwas verändern

Auch uns verändern? Wir wollten unsere Kreativität ausleben. Aus einem verlassenen Haus in einem inzwischen desolaten Zustand wollten wir uns ein weiteres Zuhause schaffen. Die Farben der Wände, die Gardinen und die noch vorhandenen, wenn auch verrotteten Möbel hinterließen einen anrührenden Eindruck auf uns. Einiges Mobiliar konnten wir noch gut nutzen, bis wir nach und nach Möbel aus Deutschland mitbrachten. Den rostigen Herd entsorgten wir und ersetzten ihn durch einen neuen gusseisernen Stanley, unser ganzer Stolz.

Hinter dem Herd war die Wand recht originell bemalt gewesen, sodass sie aussah wie gekachelt. Dies wirkte freskenhaft in ihren verblichenen

Türkis- und Lachstönen. Das regte mich an, in diesen Farbtönen echte Kacheln zu töpfern. In Deutschland hatte ich einen Töpferofen. Mit Hilfe von Christian habe ich daher vier Quadratmeter Kacheln handgeformt und glasiert, die sich gut in den Raum einfügen. Sie können lange die Wärme speichern, fast wie ein Kachelofen.

Bevor wir in den Ruhestand gingen, waren wir etwa sechs Wochen im Jahr in Irland, und zwar in den Oster- und Sommerferien. Danach gab es solche zeitlichen Begrenzungen nicht mehr. Christian freute sich auf handwerkliche Tätigkeiten. Es gefiel ihm, dass er am Abend direkt sehen konnte, was er getan hatte, um stolz sein Werk zu bewundern, wenn *„er sah, dass es gut war"*. Im Haus baute er Böden und Decken ein, mauerte eine Badewanne, draußen rodete er das Gelände, das stark mit Hecken und Brombeersträuchern überwuchert war.

Dafür übernahm ich die Malerarbeiten im Haus. Den einzelnen Zimmern eine entsprechende Wohlfühlfarbe zu geben, faszinierte mich. Die Räume erhielten einen ersten gewagten Anstrich. Dabei setzte ich verschiedene Wischtechniken ein. Beim späteren endgültigen Anstrich war meine Malerkunst schon ausgereifter.

Daneben kümmerte ich mich um den Garten vor dem Haus, riss Berge von Unkräutern heraus, pflanzte Blumen und Sträucher. Beete begrenzte ich mit Steinmäuerchen, denn Steine haben wir genug; wir sind ja steinreich. Natürlich war bis zum nächsten Aufenthalt wieder alles zugewachsen, aber die Pflanzen konnte ich erneut freilegen.

Waren wir wieder in Deutschland, zeigten wir stolz unsere Bilder von Irland und unseren Fortschritten in der Renovierung des Hauses und der Kultivierung unseres Geländes. Mit Fotos dokumentieren wir auch weiterhin unser Leben in Irland.

Ich freue mich auf meine Reisen nach Deutschland. Das Zusammensein mit meiner Familie und meinen Freunden genieße ich jedes Mal sehr. Emotional fühle ich mich wieder voll aufgetankt. Es ist ein gegenseitiger Austausch von lieben, freundschaftlichen Gefühlen. Wir sind uns dann wieder sehr nahe. Auch das Stadt- und Kulturleben gefällt mir ein paar

Wochen lang, dann komme ich wieder gerne zu Christian und in mein ruhiges irisches Leben zurück.

## Zum achten Mal November

In diesem Jahr wurde es zum achten Mal November, seit wir unser Irland-Haus bezogen. Was ist inzwischen daraus geworden? Wir fühlen uns wohl hier in unserem kleinen, gemütlichen Heim, das wir nach unseren Bedürfnissen gestaltet haben. Ein Schritt hinaus, und wir sehen einen geräumigen Wohngarten rings um das Haus - solange uns das Wetter draußen wohnen lässt. Christians Wohlfühlgelände liegt an der linken Seite des Grundstücks. Dahin führt ein Weg am Nachbarcottage entlang zum alten Haus, Torfschuppen und Werkstatt bis zum Gewächstunnel, um den herum Christian seine Gemüsebeete angelegt hat. Da gibt es auch Obstbäume und Sträucher, die sich mit dem irischen Wetter schwertun.

Mein Betätigungsfeld ist der Bereich unterhalb des Hauses, ein Rosen- und Blumengarten, umgrenzt von Fuchsienhecken und Eskalonia, die schon immer zum Grundstück gehörten, die wir nur in ihre Grenzen gewiesen hatten. Hinter der Eskaloniahecke hat Christian weitere Gemüsebeete angelegt. Da gibt es auch einen Pflaumenbaum, der uns in diesem Jahr erstmals mit Früchten beschenkte. Die reichten für zwei Pflaumenkuchen, Lieblingskuchen von Christian.

Auch ein Kartoffelbeet hatte er in diesem Bereich angelegt. Der Kartoffelanbau ist in Irland problematisch. Noch immer gibt es die Kartoffelfäule, die im 19. Jahrhundert katastrophale Hungersnöte ausgelöst hatte. Inzwischen wird je nach Wetterlage morgens im Radio davor gewarnt und eine Spritzung empfohlen. Seit längerer Zeit ernährt sich Irland nicht mehr hauptsächlich von Kartoffeln. Der internationale Handel liefert neue und bisher unbekannte Produkte auch nach Irland, welche die Speisepläne abwechslungsreicher gestalten.

Rechts vom Haus breitet sich eine Wiese aus mit einem kleinen Wäldchen im oberen Teil. Hier wachsen in jedem Herbst die schönsten Fliegenpilze. Diese Wiese ist ebenfalls mein Betätigungsfeld. Blumen-, Kräuter- und Salatbeete wurden in die Wiese eingebettet, außerdem gesellten sich Wildrosen, Sträucher und Bäume dazu. Mit dem Pflanzen von Bäumen bin ich ein wenig sparsam, denn wir haben schon so viele. In der leichten Hanglage geht es hinunter zum „unkultivierten" Teil mit einem kleinen Bach, der unsere Grenze markiert, sumpfigem Boden, wuchernden Weidenbäumen und allerlei anderem wilden Gestrüpp.

Diese Wildnis haben wir hinter Kiefern versteckt und damit unsere weitere Gestaltungslust begrenzt. Unsere Kapazität lässt auch keine weitere Kultivierung mehr zu. Ein Stück Wildnis darf sein. Allein das bereits Angelegte zu pflegen, ist schon fast zu viel für uns. Wir müssen unsere Arbeit unseren Kräften anpassen. Wenn die Pflanzen ihren Platz gefunden haben und nicht mehr so viel ein- und umzupflanzen ist, fällt die Gartenarbeit leichter. Jedes Jahr erscheint der Garten ein wenig schöner und üppiger.

Die Pflege des Gartens pflegt auch Leib und Seele. Wenn ich mich ganz und gar darauf einlasse, ohne zu denken, *„Was habe ich noch alles zu tun? Da werde ich ja nie fertig!"*, ist es wie Meditation. Gelassene Tätigkeit im Augenblick ist wichtig und das einzige, was jetzt zählt. Ich spüre die Freude an dem, was ich tue. Das ist Glück! Wie oft habe ich erlebt, am Anfang liegt das zu Erledigende wie eine große Last auf meinen Schultern. Habe ich aber einmal begonnen, erfreue ich mich an meiner Tätigkeit, und alles erledigt sich danach beinahe von selbst, eines nach dem anderen. Wenn ich ganz bei meinen Pflanzen bin, kann ich ihre Energie wahrnehmen und sie die meine. Ich atme **sie** ein, und sie atmen **mich** ein.

Den Garten zu bewohnen, ist mir ein großes Vergnügen: egal, ob ich durch den Garten spaziere, um die Schönheit der Blumen in mich aufzunehmen, das Panorama der umliegenden sanften Hügel zu genießen oder mich einfach in den Garten hineinsetze und still bin angesichts der sommerlichen Fülle, die ich erlebe. Christian würde das sicher nicht so ausdrücken. Angeblich sind ihm die Blumen nicht so wichtig. Das ist auch immer ein Grund, uns ein wenig zu kabbeln. Wenn er dann wieder behauptet, Blumen seien unnütz, die könne man nicht essen, biete ich ihm meine Kartoffelrosen an. Die bilden dicke Hagebutten, aus denen ich Marmelade koche. Marmelade mag er aber auch nicht. Richtige Kartoffeln sind ihm lieber.

Mit meinen Salaten konnte ich Christian lange nicht reizen, inzwischen aber schmeckt ihm auch ein wenig Salat. Gegen meine Kräuter hat er sowieso nichts einzuwenden, da sie unsere Speisen würzen. Er sorgt mit seinem Gemüse für einen großen Teil unserer Ernährung. Aber wenn wir am Abend gemeinsam unseren Rundgang durch den Garten machen und alle Pflanzen betrachten, schaut er sich auch schon mal meine Blumen bewundernd an. Anfang des Jahres entdeckt er oft als erster die Schneeglöckchen, die ihre weißen Köpfchen emporstrecken. Weitere Frühlingsblumen finden sich ein und erfreuen uns das Herz.


## Herzensmeditation

*Nach einer Entspannungsphase zu Beginn der Meditation richte ich meine Aufmerksamkeit auf das Energiezentrum im Herzbereich, bis ich ganz im Gleichgewicht mit mir selbst bin. Ich versuche, mit dem Herzen zu lächeln und dehne dieses Lächeln auf den gesamten Körper aus. In meiner Vorstellung lächle ich die Menschen an, die mir am Herzen liegen, die Leid erfahren, erbitte Segen und Heilung. Meinem Herzen danke ich, dass es unermüdlich Wärme durch mich hindurchkreisen lässt. Freude und Liebe, die von Herzen kommen, verbinden mich mit all meinen Herzensfreunden. Nach der Ruhe erhebe ich mich und recke und strecke mich wieder in die Welt hinein. (vgl. Li Zhi-Chang, 2005)*

Christian hat seine eigene Art zu meditieren. Bei allem, was er im Garten oder in seiner Werkstatt verrichtet, ist er mit ganzem Herzen dabei und denkt sonst an gar nichts. Er nimmt sich alle Zeit der Welt dazu. Da er kein gelernter Handwerker ist, muss er alles austüfteln, entwickelt raffinierte Techniken, um z.B. eine Haustür zu fertigen. "A door like a castle's door", meinte unser fachkundiger Nachbar. Auch wenn um ihn herum alles im Chaos versinkt, Christian hat die Ruhe weg. Unerledigte Dinge machen ihm keine Kopfschmerzen, die er ohnehin nicht kennt. In aller Ruhe macht er eins nach dem andern.

Eigentlich wollte er Möbel bauen, schnitzen und drechseln. Eine Holzfigur, eine große Holzschale und ein Spiegelrahmen zieren bereits unser Haus. Während ich mir den November zum Schreiben nehme, beginnt er mit dem Drechseln. Wir sind jetzt in einem Alter, in dem das uns Wichtigste Vorrang haben sollte. Stattdessen beschäftigten wir uns meist mit Haus und Garten, was wir natürlich auch liebend gerne taten.

Im Gelände hatte ich noch manches geplant, an kreativen Ideen mangelt es mir nicht. Aber inzwischen zerbreche ich mir immer mehr den Kopf: *„Wie wollen wir das alles schaffen, was wir uns vorgenommen hatten?"* Christians Werkstatt ist immer noch zu voll, um genügend Platz für seine Arbeit zu bieten. Wenn das alte Haus als erweiterte Werkstatt und Lagerraum ausgebaut ist, sind alle Baumaßnahmen beendet – oder doch nicht? Dann kann er endlich seine Holzarbeiten machen, hat Platz für die Drechselbank und die Kreissäge. Und wir kriegen hoffentlich all unsere Sachen unter, die noch behelfsmäßig irgendwo herumstehen und die Harmonie stören. Ein Vorratsraum am Haus wurde schon angebaut, da wir ein weiteres Tiefkühlgerät für die Ernte aus dem Garten benötigten. Das schaffte auch Raum für anderes.

## Eine gastfreundliche Farmersfamilie

Bevor wir unser Haus gefunden und gekauft hatten, machten wir Urlaub in einer Ferienwohnung auf einer Farm, wo wir freundliche Aufnahme fanden. Bei einem Spaziergang entdeckten wir das Haus für uns. Wir zeigten es dem Farmer. *„Schöne friedvolle Gegend"*, sagte er. *„Das Haus hat eine gute Substanz. Aber viel Arbeit kommt da auf euch zu."*

*„Wir machen es wie die Iren, ganz ohne uns zu hetzen, ganz in Ruhe, eines nach dem anderen"*, meinte Christian.

*„Dann seid ihr irischer als ich",* lachte der Farmer, der neben anderem ein Constructor, also ein versierter Bauhandwerker ist, der Haus und Farm, sowie Ferienwohnungen gut in Schuss hält. Zusammen mit seiner Frau arbeitete er hart, um seinen fünf Kindern eine gute Ausbildung zu ermöglichen. Sie dankten es mit hervorragenden beruflichen und sportlichen Erfolgen, wie man es aus den zahlreichen Trophäen, die ihr Vater uns stolz zeigte, ersehen konnte. Man merkte den Kindern an, dass sie in einer liebevollen, fördernden Familie aufwuchsen. Jetzt müssen die Eltern nur noch die Jüngste, *„unser Baby",* ernähren.

„Das Baby" hat seine Ausbildung als Ärztin beendet und muss noch für ein Jahr ein unbezahltes Praktikum absolvieren.


# Celtic Tiger

Seit dem Celtic Tiger gibt es zwei Zauberworte in Irland: "busy" und "perfect". Nur die verrückten Deutschen kommen nach Irland, um genau davon loszukommen.

Irland ist ein Paradies für Angler und Fischer. Sie angeln die Stille aus dem Wasser, meditieren in den mal blauen, mal grauen Himmel, um dem beruflichen oder auch dem persönlichen Stress ihrer Heimatländer zu entkommen.

Andere Reisende suchen das mystische Irland der alten Kelten, manche gar die Feen und das kleine Volk, eine Ansammlung unterschiedlicher Fabelwesen – zumindest in den Mythen und Märchen.

Als wir nach Irland kamen, war der "Celtic Tiger" noch in voller Aktion. Die heutige Welt in Irland schien nicht mehr viel Bezug zur Anderswelt der Feen und anderer mythischer Wesen zu haben. Vielleicht hat der Tiger sie verjagt. Die Anderswelt scheint noch lebendig in der Folklore, für den Tourismus und als Märchen für die Kinder, während die Erwachsenen sie abwehren oder zu verbergen wissen, um nicht als rückständig oder old-fashioned zu gelten. Es soll aber immer noch Leute geben, die von Begegnungen mit Feen, Elementargeistern, Elfen und Kobolden zu berichten wissen.

Jetzt lahmt der Tiger. Ob die Feen dann wiederkommen?

# Die heutigen Feen

Es gibt noch Feen in Irland – die jungen Mädchen, die feengleich in die Sonntagsmesse hereinschweben, aufgeputzt, als wollten sie zu einer Party. In ihren hochhackigen Schuhen steppen sie durch die Korridore der Schulen und die Flure der Krankenhäuser, wenn sie als Ärztinnen Visite machen. Sie sitzen hoch zu Pferd und galoppieren durch die Landschaft.

Statt der Feen gibt es Frauengruppen in Irland. *Mary Robinson*, ehemalige Präsidentin Irlands, die als Juristin für die Rechte der Frauen eintrat, war vor 20 Jahren bei der Gründung der Gruppe in meiner Nähe zugegen. Die Initiative in Irland ging von engagierten Frauen aus, die ehrenamtlich die Gruppen aufbauten und leiteten. Zum 20. Jubiläum wurden Delegationen von allen Gruppen, die noch existieren, von der nächsten Präsidentin, *Mary McAlice*, zu einem Sommerfest in den Präsidentengarten eingeladen.

Unsere Gruppe trifft sich jede Woche und ist gut besucht. Meist bin ich auch dabei. Neben Diskussionen über aktuelle Themen gibt es Vorträge zu Gesundheit, kreative Angebote wie Malen, Tanzen, Singen, Yoga und andere Wohltaten für Körper, Seele und Geist. Ich habe auch schon mein Qigong vorgestellt. Nicht zuletzt werden karitative Aktionen unterstützt. Öffentliche Gelder zur Bezahlung der Redner von außerhalb stehen zur Verfügung. Im Anschluss sitzen wir noch im "Angler's Rest" bei Tee und Cappuccino für den persönlicheren Gedankenaustausch.

Zwei weitere deutsche Frauen, Phillipa und Maximiliane, besuchen mit mir die Frauengruppe. Phillipa war Lehrerin und verbringt ihren Ruhestand weitgehend in Irland. Mit ihrem Engagement und Humor bereichert sie eine Umweltgruppe und die Frauengruppe. Ich schätze ihre sehr originellen deutschen Bücher, die sie mir bereitwillig ausleiht, über die wir diskutieren können.

Maximiliane kommt aus Berlin und hat sich mit ihrem Mann auf einem urigen Gelände am Lough Corrib niedergelassen. Schon der Zugang ist abenteuerlich. Der Weg führt über eine Kuhweide zum Eingang des Grundstücks. Sollten Kühe unterwegs sein, geben sie nach Hupen oder lautem Zurufen den Weg wieder frei. Niemand ahnt, dass sich hinter dieser Kuhweide ein Tor zu einem idyllischen Anwesen öffnet.

Zum Haus hinunter ist der Weg ein wenig abschüssig. Das Haus selbst liegt wie in einem kleinen Tal zwischen den Hügeln, die zur einen Seite hochsteigen und zur anderen Seite zum See hin abfallen. Maximiliane hat dieses Anwesen zufällig bei einem Spaziergang mit ihrem Mann entdeckt. Die beiden fühlten sich sofort in seinen Bann gezogen und kauften es.

Das alte Cottage wurde so umgebaut, dass aus dem ganzen Grundriss das Wohnzimmer wurde, aus dem sich organisch weitere Räume rundherum entfalteten. Eine architektonische Leistung, die das ursprüngliche Cottage in ein neues organisches Gesamtkonzept mit einbezogen hat. Das Innere des Hauses ist von gemütlicher, harmonischer Eleganz geprägt und aufwändig ausgestattet.

Ein besonderes Erlebnis ist es, in der Weihnachtszeit in diesem Haus eingeladen zu sein. Der Wohnraum erglänzt im Kerzenschein. Neben dem majestätischen Tannenbaum ist das Haus mit allerlei kunstgewerblicher Weihnachtsdekoration geschmückt. Der romantische Kamin gibt eine wohltuende Wärme ab. Auch die Küche hat kulinarisch Festliches zu bieten. Das ist deutsche Weihnachtsromantik pur. Kind des Hauses ist eine große Dänische Dogge. Trotzdem ist noch eine Katze zugelaufen, die auch ihren Platz gefunden hat und sich an dem großen Hund nicht stört, der auch sie toleriert. Bei den anregenden Gesprächen, die in einem solchen Rahmen aufkommen, sitzt der große Däne in würdevoller Ruhe auf seiner kuscheligen Ruhedecke und beobachtet alles um ihn herum.

Neben ihrer häuslichen Idylle benötigt Maximiliane aber auch die Kontakte zu anderen Frauen. In der Frauengruppe können wir unser Englisch verbessern.

Die dritte im Bunde ist Fiona, eine Irin aus Dublin, die ein gutes, klares Englisch spricht und mit viel Geduld uns Deutschen die Sprache näherbringt und uns alles erklärt, was wir nicht verstanden hatten. Fiona ist ebenfalls eine Gartenliebhaberin und Freundin der Tiere, die ihr Lebenspartner so nach und nach angeschleppt hat: Hunde, Katzen, Huhn und Hahn und nicht zuletzt "Billygoat", ein Zwergziegenböckchen, das allerlei Schabernack treibt.

Wenn die Tiere auf einer äußeren Fensterbank Platz nehmen und in das Haus hineinschauen, komme ich mir vor wie im Märchen der Bremer Stadtmusikanten. Doch ihre Tiere wollen keine Räuber vertreiben, sondern der Familie beim Fernsehen zuschauen. Fiona, Maximiliane und ich wohnen nah beieinander und kommen immer im Dreierpack die 35 Kilometer zur Gruppe angereist. Wir haben auch sonst untereinander Kontakt, manchmal auch mit unseren Männern.

Unter Einsamkeit habe ich hier nicht zu leiden.

Zweimal im Jahr schwärmen die Feen der Frauengruppe aus: zu einem "Outing" im Sommer und zur "Christmas-Party" im Dezember. Da wird gegessen und getrunken, getanzt und gesungen. Wir schweben durch die Landschaft und die Castles, tanzen in den Pubs, gleiten im Boot durch die Flüsse, ergehen uns in wunderschönen Gärten vor der Kulisse der herrlichen irischen Landschaft, die strahlt, weil die Feen mal wieder unterwegs sind.

Ach ja, die Gärten. Es gibt zauberhafte Gärten in Irland. Einmal im Monat treffen sich interessierte Frauen und Männer in einem Gartenclub. Mit viel Engagement und finanziert aus Mitgliedsbeiträgen organisieren Teilnehmer das Programm. Neben Anregungen für die Gestaltung unserer Gärten können wir auch Pflanzen untereinander tauschen oder unsere Gartenprobleme besprechen. Ein Schwerpunkt des Clubs ist die Besichtigung von Gärten. Dabei habe ich ganz unterschiedliche und wundervolle

Gärten kennen gelernt. Besonders eindrucksvoll erlebe ich immer wieder den berühmten **Brigit's Garden,** eine keltisch inspirierte Gartenanlage. Sie enthält vier jahreszeitlich thematisierte Gärten, die sich um einen keltischen Rundbau herum gruppieren.

Tod und Wiedergeburt symbolisiert der winterliche Garten. Am Boden kauert eine schlafende Frau, in Bronze gestaltet, die von vergilbenden Blättern bedeckt ist. Sie macht den Eindruck, als sinke sie allmählich in die Erde. Umgeben ist sie von einem Pool und einer Muschel, welche die Gebärmutter symbolisieren.

Der Pfad in den Frühlingsblumengarten führt durch eine Wiese mit Obstbäumen. Die Geburt der Lämmer und die ersten Schneeglöckchen leiten die Saison des neuen Lebens ein. Eine dreifache Spirale soll Brigit in drei Schwestern darstellen, welche die Poesie, Handwerkskunst und Geburtshilfe bedeuten.

Im Sommergarten wird die Pracht der wilden Blumen des Sommers zelebriert. Es ist die Zeit des sexuellen Erwachens, der Heirat und des Abenteuers Heranwachsender. Ein Weg, von hohen Steinen begrenzt, leitet zu einer Feuerstelle vor einem Thron aus Mooreiche. Der Thron lädt junge Erwachsene ein, in ihrer persönlichen Kraft als König oder Königin ihres Lebens auf ihm zu sitzen.

Weiter führt der Pfad in den Garten zwischen Sommer und Herbst, der Zeit der Ernte. Hier findet sich eine Fülle essbarer Pflanzen und Heilkräuter. Zum Erntedank werden Feste gefeiert und getanzt. Außerhalb des Garteneinganges stehen drei Eibenbäume als Symbol für den Augenblick des Todes.

Ursprünglich reichte den Iren ihre schöne Landschaft, die Gestaltung von Gärten war unwichtig. Aber jetzt scheint es, als wollten sie in der Gartenkunst mit den Engländern konkurrieren. Da müssen Feen am Werk sein. Einen solchen Feengarten gibt es ganz in unserer Nähe. Die Fee heißt Lilly und kommt aus Deutschland. Sie war unsere erste Freundin in Irland, die half, uns hier zurechtzufinden. Von ihr wie auch von Jean bekam ich meine ersten Gartenpflanzen.

Die Entdeckung oder besser Wiederentdeckung eines keltischen Stein-kreises verdanken wir übrigens Lilly, die zehn Jahre vor uns hier war und auf ihren Streifzügen über die Hügel – ungeachtet der durch Zäune be-grenzten Weidewiesen – die eigentümliche Anordnung der Felsbrocken wahrnahm. Es gelang ihr, Archäologen dafür zu interessieren, die darauf-hin das Gelände untersuchten. Ihre Annahme einer keltischen Vergangen-heit wurde bestätigt. In einem Magazin schrieben sie von einem keltischen Ringfort und einer Siedlung aus der Bronzezeit.

Der *"Lord of the Dance"*, *Michael Flatley*, war der Celtic Tiger der Stepptanzszene und begeisterte die Welt mit in heißen, rhythmischen Stepptänzen getanzter Mythologie. Er brachte die irische Jugend auf die steppenden Beine. Aber hauptsächlich spielen sie Hurling, Rugby und Gaelic Football.

Wir hatten das Glück, den "Lord of the Dance" in einer Aufführung in Frankfurt zu erleben. Mein Gefühl war, hier wird Trauer, Leid und Wut mit großer Leidenschaft in den Boden gesteppt, getanzt und gesungen und kommt transformiert wieder nach oben, lässt die tanzenden Körper erstrahlen und die Gesichter aufleuchten. Das Licht siegt wieder einmal über die Finsternis. Auch die Zuschauer haben diesen Prozess mitvollzo-gen und sind voller Begeisterung. *„Michael, wir lieben dich!"*, ruft eine Frau in den Saal, und alle anderen fühlen auch so. Kaum einer kann sich der Begeisterung entziehen.

Aber auch der Tiger der Stepptanzszene hatte sich zu sehr verausgabt und lahmte für eine Weile, bis er in einem gewissen Rahmen wieder aktiv wurde.

## Sichtbare und unsichtbare Welten

Wie kamen die Iren zu ihren Geschichten von Feen und dem kleinen Volk mit seinen ganz unterschiedlichen Fabelwesen? Aus grauer Vorzeit gibt es Überlieferungen der Vorgeschichte Irlands, in denen sich, wie auch anderswo, Historie und Phantasie vermischen. Ich versuche, den Feengeschichten auf den Grund zu gehen.

Die Frühgeschichte Irlands scheint immer noch in einem nebelhaften Dunkel verborgen. Mythologien tauchen auf, die Streiflichter in das Dunkel weben. Mönche bemühten sich ab dem 9. Jahrhundert, aus Überlieferungen und Forschungen die irische Vorgeschichte zu rekonstruieren. Gründlich wie sie waren, fingen sie mit dem biblischen Zeitalter an und verknüpften biblische Gestalten mit der irischen Insel.

In der Mythologie wird von fünf Einwanderungswellen in der prähistorischen Zeit Irlands ausgegangen.

**Erste Invasion:** Als Noah auf Gottes Geheiß seine Arche baute, um der angekündigten Sintflut zu entgehen, soll es noch andere Leute gegeben haben, die sich ein Schiff bauten, falls es tatsächlich zu einer solchen Katastrophe kommen sollte. Man erzählte sich von einer geheimnisvollen fernen Insel hinter dem Meer, die etwas höher über dem Meeresspiegel liegen soll als andere Länder. Noah hatte sich geweigert, seine Enkelin Cessair und seinen Sohn Bith, von dessen Existenz die Bibel nichts berichtet, mit in seine Arche zu nehmen. Er nehme doch keine Diebe und Räuber an Bord. Cessair solle sich selbst ein Schiff bauen. Das tat sie auch. Mit ihrem Mann, ihrem Vater, einem Steuermann und 50 Jungfrauen sei sie tatsächlich noch vor der Sintflut, von der auch in den irischen Überlieferungen die Rede ist, im heutigen Irland angekommen.

Diese Geschichte wurde in verschiedenen Versionen aufgezeichnet. Ein Erzähler ließ Cessair erst gar nicht nach Irland gelangen, sondern in der Sintflut umkommen. Nur einer der Männer sei angekommen und habe bis ins hohe Alter überlebt. Polemisch könnte man sich vorstellen, er allein, ohne Frauen, als Eremit auf einer unbewohnten Insel, die er mit niemandem teilen muss, könnte für den schreibenden Mönch eine akzeptable Möglichkeit gewesen sein.

**Zweite Invasion:** Eine Generation später sei Partholon, ein Nachkomme Japhets, Sohn Noahs, mit vier Häuptlingen aufgebrochen, diese geheimnisvolle Insel zu finden. Ihm wurde die erste Kultivierung des

Landes in Bezug auf Ackerbau und Viehzucht, Bau von Häusern und dem Brauen von Ale zugeschrieben. In dieser Zeit kam es zu einem ersten Zusammenstoß mit den Fomoriern, den Kräften des Chaos, die als missgestaltet und gewalttätig beschrieben wurden.

Ihr Anführer, Cichol Gricenchoss, lebte mit nur einem Bein und einem Arm, anderen fehlte ein Auge oder sonst ein Körperteil. Aus der Mythologie lässt sich nicht eindeutig klären, ob sie Dämonen oder dämonische Menschen waren oder gar Seeräuber aus Afrika, wegen ihrer durch Kämpfe versehrten Körper. Manche halten sie für die Ureinwohner des Landes, bereits vor der Sintflut eingewandert aus dem biblischen Raum. Ihr Lebenselixier sei das Wasser, sie wohnten auf Inseln oder lebten als tüchtige Seefahrer auf Schiffen und ernährten sich lange Zeit von Vögeln und Fischen. Die grüne Insel wollten sie besitzen, weil sie gerne Schafe aßen. Ihnen missfielen die konstruktiven Aktivitäten Partholons.

Aufbauende Organisation eines Landes und die Entwicklung einer Kultur war nicht ihre Sache. Sie zerstörten, vertrieben, vernichteten, um ganz Irland in eine Schafsweide zu verwandeln. Vielleicht wollten sie unbewusst auf der grünen Insel wieder ganz und heil werden. Auch Verbindungen und Handelsbeziehungen mit anderen Einwanderern gingen sie ein. Balor, ein König der Fomorier, soll gar seine Tochter mit einem Mann von den Tuatha de Danann verheiratet haben.

Partholon besiegte die Fomorier, die sich nach der Schlacht auf andere Inseln zurückzogen. Nach den Fomoriern kam die Pest nach Irland. Partholon und seine Leute starben alle, bis auf einen, namens Tuan Mac Cairill. Der habe noch sehr lange, bis in die christliche Zeit gelebt und dem Heiligen Finnian die ganze Geschichte des alten Irlands erzählt.

**Dritte Invasion:** Sie wird Nemed, einem Griechen aus Skythia, zugeordnet. Sein Name bedeutet Heiliger, Gelehrter. Er sei aber auch ein guter Kämpfer gewesen, der in drei Schlachten die Fomorier, die inzwischen wieder erstarkt waren, mit ihrem König Balor besiegte. Balor hatte nur ein Auge, das aber ganze Armeen vernichten konnte. Nemed sei es gelungen, mit einer Steinschleuder Balors Auge zu treffen, das zum Hinterkopf hinausfuhr und seine eigenen Leute tötete. Nemed habe auch Partholons aufbauendes Werk fortgesetzt und Festungen gebaut. Soziale Bräuche und Traditionen, die mit Partholon begannen, seien ausgebaut worden. Eine Seuche habe ihn schließlich dahingerafft. Die Nemedier wurden von den Fomoriern erneut besiegt und ausgebeutet, was sie noch einmal in den Kampf mit ihnen trieb. Nach einem ersten Sieg kehrten die Überlebenden in einem Schiff jedoch wieder nach Griechenland zurück.

**Vierte Invasion:** Diese Invasion ist den Firbolgs, was „Herren der Säcke" bedeutet, zugeschrieben worden. Sie sollen in Griechenland gezwungen worden sein, als Sklaven Erde in Ledersäcken auf steinigen Boden zu schleppen, um die Ackerfläche zu vergrößern. Mit ihnen kamen auch Nemedier nach Irland zurück. Im Gegensatz zu den Tuatha de Danann, den Männern des Geistes, galten sie als Männer der Tat. Sie teilten Irland in fünf Provinzen ein und sollen auch die Monarchie als heiliges Königtum in Tara eingeführt haben.

**Fünfte Invasion:** Sie sei ausgegangen von den Völkern der Danu, den Tuatha de Danann, die nach der Vertreibung der Firbolgs sehr lange in Irland herrschten. Wie fast alle Einwanderungsgruppen wurden auch sie von den Schrecken erregenden Fomoriern angegriffen. Nach einem ganz entscheidenden Sieg der Tuatha de Danann wurden die Fomorier in Irland nicht mehr gesehen.

**Archäologisch** konnten drei ethnische Gruppen in Irland nachgewiesen werden:

1. die Cruthin im Nordosten, ca. 500 v. Chr., verwandt mit den Pikten in Schottland;

2. die Erain aus Schweden, 5. Jhd. v. Chr., die vorwiegend den Südwesten und den Südosten besetzten;

3. die Goidil oder Gälen, vermutlich aus Gallien, 100 n. Chr., herrschend über Tara, Cashel und Chroghan. Sie gelten als das dominierende Volk vor der Einführung des Christentums.

Andererseits scheint aus archäologischen Befunden ersichtlich, dass Irland im fünften vorchristlichen Jahrhundert völlig von Kelten besiedelt war.

Offenbar überlappen sich archäologische, historische und mythologische Quellen. Die Experten sind sich über den genauen Sachverhalt nicht einig. Grund für mich, mir selbst einen Reim aus den vielen unterschiedlichen Informationen zu machen.

## Zusammenstoß der Kräfte

Vor den Kelten, die vermutlich aus Spanien nach Irland einwanderten, den Söhnen des Miled und den Söhnen des Gael lebten – so wird es immer wieder erzählt – die Tuatha de Danann in Irland. Die Milesier wollten den Ith, Sohn des Miled, rächen, der einen Streit zwischen drei Königen der Tuatha de Danann schlichten sollte. Als er unparteiisch beriet, ihre wunderbare Insel lobte, die genügend Platz und Ernährung für alle böte, dazu ein ausgeglichenes Klima herrsche, also kein Grund bestünde, sich zu streiten, töteten sie ihn.

Weshalb war er auf die Insel gekommen? War dies die Insel, von der ein Druide prophezeiht hatte, dass sie den Söhnen des Miled und des Gael bestimmt war? Was er in dem alten Irland vorfand, übertraf seine Erwartungen. Zeigte sein Loblied den Königen, dass Ith das Land gerne selbst haben wollte? Das war sein Todesurteil.

Seine Leute brachten den toten Ith nach Hause und kamen mit einer Streitmacht, angeführt von Amergin, ein anderer Sohn des Miled, zurück. Durch einen Zauber, der das Land in eine Wolke hüllte, hinderten die Tuatha de Danann die Söhne des Miled an der Landung. Die Milesier zogen sich zurück aufs Meer, um an einer anderen Stelle der Insel zu landen. Doch auf dem Meer ließ plötzlich ein heftiger Sturm zwei Schiffe sinken und zerstreute die anderen. Insgesamt kamen fünf Brüder Amergins und seine Frau ums Leben. Amergin, selbst Magier, Dichter, Barde,

Baumeister und Kämpfer, erkannte, dass dieser Sturm durch Zauberei ausgelöst – war. Trauer, Liebe und Wut machten ihn selbst zum Sturm, der die Seinen mit kraftvollen Worten sammelte und zur Tat rief:

*„Jene, die umhertreiben in der stürmischen See sollen jetzt sicher und gesund das Land erreichen. Sie sollen einen Platz finden auf jenen Ebenen, in jenen Gebirgen und seinen Tälern, in den Wäldern, die voller Nüsse und anderer Früchte sind, an den Flüssen, Strömen und großen Gewässern. Und ein König aus unserem Volk soll herrschen in Teamhair (Tara)." (zit. n. Hetmann, 2001, S. 26)*

Nach diesen Worten legte sich der Sturm. Der Landung stand nichts mehr im Wege. Als Amergin seinen Fuß auf das Land setzte, sprach er die Worte, die zum ersten und berühmtesten Gedicht Irlands wurden:

*„Ich bin der Wind auf der See,*
*Ich bin eine Welle im Ozean,*
*Ich bin der Stier der sieben Schlachten,*
*Ich bin der Adler auf dem Fels,*
*Ich bin ein Strahl der Sonne,*
*Ich bin die Schönste der Pflanzen,*
*Ich bin ein starker, wilder Eber,*
*Ich bin ein Lachs im Wasser,*
*Ich bin ein See in der Ebene,*
*Ich bin ein Wort der Weisheit,*
*Ich bin eine Speerspitze in der Schlacht,*
*Ich bin ein Gott, der Feuer wirft ins Gehirn.*
*Wer verbreitet Licht über dem Hügel?*
*Wer kennt die Phasen des Mondes?*
*Wer kennt den Platz, an dem die Sonne ausruht?"*
*(zit. n. Hetmann, 2001, S. 26f.)*

Neben der zeitlosen Wirkung dieser Worte beinhalteten sie gleichzeitig eine Kampfansage an die Tuatha de Dannan. Es waren Worte der Kraft, die ihm Macht für sein Vorhaben verliehen. Er präsentierte sich selbst als einen Gott – in vielen Facetten der Einheit mit allen Erscheinungsformen des Lebens, aber auch als Krieger, der für sein Volk kämpft.

Ursprünglich wollten Ith wie auch Amergin in das Land einwandern und friedlich mit den Einwohnern zusammenleben. Aber dazu war die Zeit noch nicht reif. Die Besitzverhältnisse mussten kriegerisch geklärt werden, was sich etwa folgendermaßen abspielte:

Als die Milesier in das Innere des Landes marschierten, wurden sie von den drei Königinnen Eriu, Fodhla und Bamba und ihren Kriegern und Druiden angegriffen. Es kam zu einer wilden Schlacht, und die Königinnen wurden zurückgeschlagen. Die Milesier blieben auf dem Schlachtfeld und begruben ihre Toten. Danach sandten sie Unterhändler zu den drei Söhnen des Cermait Honigmund, welche gemeinsam die Königsherrschaft innehatten und sich immer noch stritten um die Hinterlassenschaft ihres Vaters. Sie wurden zur Schlacht herausgefordert, die entscheiden sollte, wem das Land gehören werde.

So kam es zur letzten Schlacht. Auf beiden Seiten verloren viele ihr Leben. Die drei Königinnen und Könige Irlands fielen alle im Kampf. Auch die Milesier verloren Brüder und Freunde, gewannen jedoch die Schlacht und das Land. Die Tuatha de Danann hinterließen den Milesiern ihre Kultur in Wissenschaft, Heilkunst, Musik und Handwerkskunst.

Offenbar waren die Milesier von den Königinnen und Helden, die sie besiegt hatten, so tief beeindruckt, dass sie diese nach ihrem Tode als Götter verehrten. Mag sein, dass sie die Macht dieser nun unterirdisch residierenden Gottheiten fürchteten und sie durch ihre Verehrung für sich gewinnen wollten. Aus den Göttern wurden Feen, die so unsterblich wie die Götter wurden.

Dagda galt als Vatergott der Tuatha de Danann. Eriu, seine Tochter, von der das alte Irland den Namen *Eire* hat, aus dem *Ireland* wurde, war eine wichtige Göttin und bildete mit den beiden anderen Kriegsgöttinnen Fodhla und Bamba ein göttliches Dreigestirn. Auch Brigit, Göttin der Dichtkunst und der Wissenschaft, gilt als Tochter des Dagda. Eine weitere Kriegsgöttin war Morihan, die alte Schlachtenkrähe, weil sie sich in eine Krähe verwandeln konnte. Aus ihr wurde in der Artussage Morgan, die Fee. Göttinnen, Königinnen, Feen: die Tuatha de Danann konnten alles sein.

Nachdem die Völker der Danu besiegt waren, wollten sie sich den Milesiern nicht unterordnen. Sie gingen in den Untergrund – unter Hügel, wie z. B. New Grange, ein Ganggrab, das sich gut zum Untertauchen eignete und vielen Menschen Platz bot.

Hier kam Manannan ins Spiel, ein Gott der Anderswelt und des Todes, der offenbar den durch seinen Sohn Angus entmachteten Dagda ablöste. Manannan schützte sie durch einen Zauber vor Entdeckung und Verfolgung. Auf sein Geheiß wurde zusätzlich eine Mauer um das Gelände gezogen. Ein großes Fest wurde gefeiert mit einem Getränk, das sie alle unsterblich zu machen versprach. Soll das heißen, dass sie sich mit irgendwelchen Drogen ins Jenseits befördert haben? Für die Menschen wurden sie zuerst zu Göttern, dann zu den weniger gefürchteten Feen, die sich unter die Hügel Irlands zurückzogen und unterirdische, aber auch überirdische, für Menschen unsichtbare Paläste bewohnten, die nur für geladene Gäste sichtbar wurden.

Die Tuatha de Danann waren unsichtbar für die Menschen, konnten aber sichtbar werden, um mit ihnen zu kommunizieren. Mit ihren magischen Kräften konnten sie helfen oder schaden. Manchmal verliebten sie sich in Menschen und entführten sie in ihr Reich. Zwar erlangten diese Sterblichen die Unsterblichkeit der Feen, aber wenn sie zurückkehren wollten, waren inzwischen lange Zeiträume vergangen, und sie zerfielen zu Staub. So die nacherzählten Legenden, wie sie von *Frederik Hetmann* in seinem Buch *„Die Reise in die Anderswelt"* geschildert werden.

*Julius Caesar* berichtete über die Kelten, dass ihre Götter Ähnlichkeiten mit den griechischen und römischen Göttern aufwiesen. Dies legt nahe, die Tuatha de Danann, auch Völker der Danu genannt, die als Fruchtbarkeitsgöttin und Mutter der irischen Götter bekannt ist, könnten aus dem griechischen Raum gekommen sein.

Im griechischen Götterwesen hatte es einen heftigen Umbruch gegeben, als die matriarchalischen Strukturen vom Patriarchat abgelöst wurden. Die alten Muttergöttinnen verloren ihre Macht, und die Söhne wurden zu Göttern. Ob die Tuatha de Danann glaubten, das Matriarchat auf die grüne Insel retten zu können? Brachten sie die griechischen Götter mit nach Irland, gaben ihnen andere Namen und passten sie in irische Verhältnisse ein? Dann wurde aus der Göttermutter Gaia die allumfassende Muttergöttin Danu, aus Zeus wurde Dagda und so fort.

Ebenso wäre aber denkbar, dass frühere Einwanderungsgruppen, wie die Nemedier, die griechischen Götter mit nach Irland brachten. Nachdem sie von den Fomoriern aus Irland vertrieben worden waren, sollen sie mit den Firbolgs zurückgekehrt sein. Inzwischen hatten sie auf einer griechischen Insel die griechische Geschichte von der Entstehung der Welt und der Götter studiert, wie es in ihrer Legende berichtet wird.

Wie auch immer, die Tuatha de Danann waren bei ihrer Ankunft in Irland, woher auch immer, noch matriarchalisch geprägt. Schließlich erschienen die Milesier mit den Gaelen als patriarchalische Kelten, und die beiden Systeme prallten aufeinander. Dazu kommt, dass die Tuatha de Danann noch in der Bronzezeit lebten und Eisen verabscheuten. Die Milesier hatten in der beginnenden Eisenzeit neben ihrer Magie auch schon Eisenwaffen, die ihnen im Kampf Vorteile verschafften.

Die Tuatha de Danann schienen von der Idee des Patriarchats bereits beeinflusst zu sein. Dagda war zum Vatergott aufgestiegen. Zwar wurde er imposant dargestellt, schien aber noch keine Alternative zu den mächtigen Muttergottheiten zu bieten. Er besaß einen magischen Kessel, der alle satt machte und nie leer wurde. Daraus soll er besonders gerne Haferbrei gegessen haben. Er ahmte die nährenden Göttinnen nach und löffelte gleichzeitig den kleinkindlichen Brei, um ein großer, starker Gott zu werden. Wie in Griechenland wurden die Helden zu Göttern, und Göttinnen galten als Töchter des Schöpfergottes. Damit wurden sie in das patriarchalische System eingebunden.

Ein Teil der Tuatha de Danann soll sich wohl auch mit den siegreichen Kelten vermischt und friedlich mit ihnen gelebt haben. Man glaubte in der Bevölkerung, dass Leute, die fest und gradlinig ihre Ziele verfolgten, von den Gaelen abstammten, während eher musisch Begabte Nachkömmlinge der Tuatha de Danann seien. Es scheint zu einem friedlichen Zusammenleben der beiden Kulturen gekommen zu sein. Auch die Feen unter den Hügeln gehörten dazu.

Der Sage nach soll Manannan mit Amergin die Vereinbarung getroffen haben, die Milesier könnten das Land **über** der Erde besitzen, aber das Land **unter** der Erde gehöre den Tuatha de Danann. Amergin erfüllte auch den Wunsch Erius, dem Land – sollte es an die Milesier fallen – ihren Namen zu geben. So kam es zu *Eire* und *Irland*.

## Irland, die rettende Insel

Glaubt man den christlichen irischen Mönchen, hat Irland also schon seit den Zeiten der Sintflut die Rolle der rettenden Insel gespielt. Die Mönche stellten Irland, „die Insel hinter dem Meer", als Rettungsanker für in Not geratene Völkergruppen dar.

Schon im Altertum gab es Handelsrouten durch Irland und Britannien. Man fand Kunstgegenstände aus Ägypten, Kreta und Griechenland in Irland. Britannien und Irland waren reich an Bodenschätzen wie Gold (Irland) und Zinn (Britannien), Irland war also bereits ein bekanntes Land in der Antike, kein „Terra incognita". Von den Römern wurde es nicht angetastet, die hatten schon genug Ärger mit den Briten und Pikten. Da liegt es nahe, dass von den Römern verfolgte Menschen nach Irland flohen. Mit Sicherheit suchten Christen in Zeiten der Christenverfolgungen den Weg nach Irland, wo sich schon lange vor St. Patrick erste christliche Gruppen gebildet hatten.

Mit dem Christentum, das Patrick nach Irland brachte, etablierte sich eine neue geistige Strömung neben der keltischen und vorkeltischen Spiritualität. Die frühchristliche Zeit wird als goldenes Zeitalter in Irland gesehen, bevor die Kräfte des Chaos wiederum das Gleichgewicht störten und Irland eine blutige Zukunft in Not und Elend bescherten.

Als die Wikinger in Irland einfielen, sah es aus, als seien die Fomorier wieder da. Auch in der Kirche selbst hatten die chaotischen Kräfte ihr Betätigungsfeld. Die Fomorier sind nicht auszurotten. Offenbar haben auch sie eine Aufgabe zu erfüllen. Wenn das Chaos am größten ist, formieren und stärken sich die aufbauenden Kräfte und stellen das Gleichgewicht wieder her.

Es ist wie beim östlichen Yin-und-Yang-Prinzip. In jeder Dunkelheit ist ein Keim des Lichtes, in jedem Licht ein Keim der Dunkelheit. Im Christentum werden die gegensätzlichen Kräfte als Gut und Böse definiert. Das Böse, das überwunden wird, führt zum Guten. Das Ideal ist, zu einem Überschuss des Guten zu kommen, im Einzelnen sowie in den Völkern.

# Kirche in Irland: heute und gestern

Heute ist die Situation der Kirche in der Republik Irland, was die römisch-katholische betrifft, bereits eine andere als vor etwa 15 Jahren. In der ersten Osterzeit, als wir unser Haus renovierten, fiel uns die Intensität auf, mit der die Liturgie der Passionswoche und des Osterfestes begleitet wurde. Im Baumarkt überraschte uns die Übertragung des Rosenkranzgebetes. Brauchten wir am Gründonnerstag oder Karfreitag den Rat unserer Nachbarn, trafen wir keinen zu Hause an. Sie waren alle in der Kirche, die auch ein sozialer Treffpunkt ist. Nach der Messe ist Gelegenheit zu vielfältigen Kontakten.

Noch eine Besonderheit gibt es in Irland: die Hausmesse, "*station*" genannt. In einem begrenzten Umkreis wird sie halbjährlich in einem Wohnhaus gefeiert. So treffen sich an einem Wochentag, meist abends, etwa 30 Personen der Nachbarschaft mit ihrem Pfarrer zur Messe im eigenen Haus. Danach bleiben die Leute noch zu einem lockeren Plausch mit Tee, Sandwich und Kuchen zusammen. Ein „geistiges" Getränk wird manchmal erst angeboten, wenn der Pfarrer sich zurückgezogen hat, wenn dieser keinen Alkohol trinkt.

Die Hausmesse ist noch ein Relikt aus früheren Zeiten, als die Engländer die Ausübung der katholischen Religion wie auch den Gebrauch der irischen Sprache verboten hatten. Neben ihrer Religion wollte man den

Iren auch ihre Sprache nehmen. Während der Fremdherrschaft Englands ließ sich die irische Sprache nicht ganz ausrotten. Heute kostet es Mühe, die ursprüngliche Sprache zu erhalten, die vom Englischen doch sehr verdrängt worden war. Es gibt ausgewiesene „Gaeltacht Gebiete", in denen noch fast überwiegend Irisch gesprochen wird. In den Schulen wird es als Pflichtfach unterrichtet. Angehende Lehrer, die kein flüssiges Irisch sprechen, müssen Irischkurse besuchen, bevor sie in den Schuldienst übernommen werden.

In der Zeit des verbotenen Glaubens und der verbotenen Sprache trafen sich die irischen Katholiken häufig hinter Hecken zur Feier ihrer Messe (Heckenkirche) oder auch in privaten Häusern. Immer, wenn sie ganz unter sich waren, sprachen sie irisch.

Die Tradition der Hausmesse wird bis in die heutige Zeit hinein gepflegt. Priester und Gläubige, aber auch Ungläubige, schätzen die Intimität der Privathäuser wegen des freundschaftlichen und zwanglosen Zusammenseins mit den Familien der Nachbarn und dem Pfarrer.

Nicht nur in Zeiten der Not sollten die alten irischen Tugenden des Zusammenhalts und der Hilfsbereitschaft Gültigkeit haben, sondern auch neben dem "Celtic Tiger" und darüber hinaus.

Auch wir waren von den Nachbarn eingeladen, an ihren Hausmessen teilzunehmen. Es war für uns eine gute Gelegenheit, unsere entfernteren Nachbarn, zusammen mit ihren Kindern, in ihren Häusern kennen zu lernen. Die Messe fand in einer Wohnküche statt.

In den irischen Cottages ist das Wohnzimmer meist klein, der eigentliche Hauptwohnraum ist die Küche. Von hier aus sind meistens auch die anderen Räume zu erreichen. Bei einer Hausmesse verteilen sich die Gäste auf die verschiedenen Räume, in denen die Stimme des Priesters noch gut zu hören ist.

Die kleinen Kinder verbringen mit ihren Müttern die Zeit der Zeremonie meist mit einigem Spielzeug in einem Nebenraum. Danach erfreuen sie sich der Zuwendung und Bewunderung aller Gäste und können sich frei im Haus bewegen.

In der Wohnküche wird ein Tisch, bedeckt mit einem großen, weißen Tischtuch, zum Altar. Mit einem stehenden Kruzifix, zwei Kerzenleuchtern und Blumen sieht es schon recht sakral aus. Alle weiteren zeremoniellen Dinge führt der Priester mit sich. Bilder und Figuren mit religiösen Motiven gibt es in jedem Haus. Ein kleines, rotes Glühbirnchen leuchtet als Ewiges Licht Tag und Nacht. Auf Wunsch segnet der Priester das Haus und lässt geweihtes Wasser zurück.

Auch in unserem Haus hatten wir einmal zu einem solchen Gottesdienst und Nachbarschaftstreffen eingeladen. Freundinnen und Nachbarn halfen bei der Vorbereitung, belegten die Sandwiches und brachten Kuchen mit. Von mir gebackene Kuchen nach deutschen Rezepten standen ebenfalls bereit. Männer und Kinder hatten sich nicht wie sonst in die Nebenräume zurückgezogen, sie blieben alle im Hauptraum zusammen, auch während der Tee- und Imbissrunde. Grund dafür mag gewesen sein, dass die Gemeinde einen neuen Priester bekommen hatte, der seine erste Hausmesse in der Pfarrei zelebrierte.

Die Messe im eigenen Haus zu haben, mit Nachbarn und Priester gemeinsam im wahrsten Sinne des Wortes zu „kommunizieren", war ein großes, wohltuendes Erlebnis.

Die Zusammenkünfte stellen für die Gastgeber eine Herausforderung dar, obwohl die Priester dafür plädieren, die Bewirtung einfach zu halten. Es sei genug, Tee und Kekse anzubieten. Man brauche keinen Aufwand mit Hausrenovierung und Großputz zu veranstalten.

Für die Priester ist die Hausmesse eine zusätzliche Belastung. Wegen des Priestermangels haben sie mehrere Pfarreien zu betreuen. Im Herbst und Frühjahr sind sie wöchentlich an einem Abend oder Morgen in der Pfarrei unterwegs, um allen Gemeindemitgliedern die Hausmesse in ihrem Bereich zu ermöglichen.

Es gibt kaum Priesternachwuchs, und die wenigen, die es noch gibt, sind überlastet. Trotzdem ist es vielen Priestern und Gemeinden wichtig, die Tradition der Hausmesse zu erhalten.

# Die Freude der Iren

Manchmal frage ich mich, warum die Iren so freundliche Leute geblieben sind – trotz allen Leids, das ihnen während ihrer Geschichte widerfahren ist, der unvorstellbar schrecklichen Not- und Elendszeiten, trotz des vielen Regens und der heftigen Stürme im Winter. Einer Studie zufolge sollen sie die freundlichsten Menschen auf der ganzen Welt sein. Auch in puncto Hilfsbereitschaft und Spendenfreudigkeit stehen sie an der Spitze. Sie sind ideenreich im Auftreiben von Geld, um in Not geratenen Mitmenschen zu helfen.

Woher nehmen sie das? Haben sie Zugriff auf die versteckten Goldtöpfe des Leprechauns? Dies ist ein bekannter irischer Kobold, der immer einen Goldtopf besitzt, ohne den er nicht leben kann. Meist versteckt er ihn am Ende eines Regenbogens. Menschen soll es schon gelungen sein, einen Leprechaun zu fangen und einzusperren, bis er ihnen verriet, wo der Goldtopf versteckt ist. Aber am Ende hat der Kobold die Menschen immer ausgetrickst und das Gold behalten. So bleibt den Menschen nichts anderes übrig, als nach dem Goldschatz in ihrem Inneren zu suchen. Wer sich darauf versteht, kann immer Freude ausstrahlen.

Kommt die Freude der Iren aus ihrer Phantasie, mit der sie sich das Leben in Saus und Braus in den unterirdischen Schlössern der Feen vorstellen? Haben sie das dünn besiedelte Irland in ihrer Einsamkeit, Armut und unstillbaren Sehnsucht mit all den mythischen Wesen bevölkert, von denen sie Hilfe erwarteten? Oder waren die mythischen Wesen schon vorher da?

Gibt es oder gab es in Irland einen Ort, wo man tanzen, singen und musizieren konnte, wo das Bier in Strömen floss? Natürlich! Der Pub war die Feenburg und ist es mancherorts noch heute. Die Iren haben eine Alkoholkultur. Ein Rausch spült die Sorgen weg und die Armut und die Einsamkeit. Er gaukelt eine hohe Intensität an Freude vor. Hier trifft man viele Gleichgesinnte.

Trinken ist die einfachste Form der Spiritualität. Manch einer füllt sich lieber mit Spirituosen, statt sich von Geist erfüllen zu lassen, bis er von allen guten Geistern verlassen ist, wenn er aus der Hochstimmung in eine Abhängigkeit gerät. Die Feen hinter den Tresen schenken immer wieder gerne ein.

Folgenden Text eines unbekannten irischen Autors aus dem 9. Jahrhundert entnahm ich ebenfalls aus „Die Reise in die Anderswelt":

*„Ach, schöne Frau, willst du mir folgen in ein wunderschönes Land, wo immer Musik erklingt? ... Mögen die Ebenen Irlands schön dir dünken, so kommen sie dir vor wie eine Wüste, kennst du die Ebene der Anderswelt.*

*Gut gemundet hat das Bier in Irland, aber das Bier des Großen Landes schmeckt viel köstlicher, ein Wunderland ist das Land, von dem ich rede. Es sterben dort nicht die Jungen vor den Alten. Niemand dort stirbt.*

*Bäche mit weichem, wohlriechendem Wasser fließen durch dieses Land, und du hast Met oder Wein, ganz nach Belieben, zahllos sind die Leute, deren Schönheit ohne Makel. Empfangen sind sie ohne Sünde und leben ohne Schuld.*

*Wir sehen nach allen Seiten hin, aber niemand sieht uns. Es ist die Dunkelheit, der sich Adam entzog, die uns davor verbirgt, gezählt zu werden.*

*Weib, wenn du mir folgst zu meinem mächtigen Volk, will ich dich mit einer Krone aus Gold schmücken, Honig, Wein, Bier, frische, schäumende Milch – alles ist dort in Hülle und Fülle, du meine Schöne!"* (zit. n. Hetmann, 2001, S. 11)

Falls der Ursprung der Feen in der Legende über die Tuatha de Danann liegt, dann haben sie sich weit verbreitet, weit über Irland hinaus bis in unsere Phantasien und Träume. Aber vielleicht sind sie auch aus dem Pool des kollektiven Unbewussten der Menschheit hervorgegangen und in Irland besonders sesshaft geworden.

# Irische Musik

Haben vielleicht die Feen der Tuatha de Danann den Iren ihre Musik hinterlassen in den singenden, klingenden Pubs, in denen jeder spontan musizieren kann? Jeder kann sich anschließen, der singen oder ein Instrument spielen kann – und das können viele. Diese Musikkultur gibt es leider nur noch selten. Meist sind es professionelle Bands, die hier und da auftreten. Seit das Rauchen in den Pubs verboten ist und das Trinken von Alkohol von der Gardai strenger kontrolliert wird, können es sich die Wirte kaum noch leisten, die Musiker zu bezahlen, wenn nur noch Mineralwasser getrunken wird.

In Anbetracht der früher spontanen Sangesfreude der Iren hat es mich immer verwundert, dass sie, die doch angeblich überall singen, in der Kirche zwar beten, aber nicht singen. Manchmal übernimmt ein kleiner Chor den Gesang, in den aber kaum jemand einstimmt, obwohl der Chor bekannte, einstimmige Lieder singt. Als ich einen Priester darüber befragte, lachte er: *„Wenn wir wollen, dass die Leute in der Kirche singen, müssen wir unsere Messe im Pub abhalten!"*

Und doch wird die irische Musik noch gepflegt: auf Festivals, in Konzerten, in den Medien – manchmal auch noch in vereinzelten Pubs, besonders in der Touristensaison.

Die Grundstimmung der irischen Musik scheint von einer Melancholie geprägt zu sein, die Rhythmen hervorbringt, mit denen die Traurigkeit herausgesteppt, herausgefiddelt, herausgerockt oder herausgeträllert wird, bis sie sich in tiefe Leidenschaft verwandelt oder in liebevolle Stimmung, Freude oder Spaß übergeht. Kommen dann noch die passenden Menschen zusammen und nehmen einen entzündenden Trank zu sich, kann es zur überschäumenden Begeisterung kommen. Dann sind die Feen nicht weit entfernt. Sie sind in unserem Inneren.

Ist diese Musik der Background für die Fröhlichkeit und Freundlichkeit der Iren? Vielleicht liegt es auch an dem familiären Zusammenhalt, an der liebevollen, fröhlichen Art, wie ich sie mit ihren Kindern erlebte oder auch mit Gästen. Fremde empfinden sie eher als Bereicherung, da diese etwas zu berichten haben und mit ihnen feiern können. Ein Sprichwort besagt: *„Jeder Fremde ist dir von Gott geschickt und hat dir etwas zu sagen."*

Natürlich gibt es inzwischen auch andere Strömungen in Irland. Nicht jeder Fremde ist hier von vornherein willkommen. Wir selbst haben mit der irischen Bevölkerung keinerlei negative Erfahrungen gemacht, haben sie als ausgesprochen freundlich und hilfsbereit erlebt. Aber wir wissen auch, dass es Zwistigkeiten zwischen einzelnen Familien gibt, von dem Hader in der Politik ganz zu schweigen. Dies hat eine lange Tradition.

Irland hat nie mit anderen Ländern Krieg geführt. Die einzelnen kleinen Königreiche bekriegten sich aber untereinander. Irgendwann führten sie ein Hochkönigtum ein. Der gewählte Hochkönig hatte es aber sehr schwer, die verschiedenen Königreiche zu einigen. Durch diese fehlende Einheit waren die Iren nicht in der Lage, sich geschlossen gegen Eindringlinge zu verteidigen. Bis heute scheinen sie im Grunde zu individualistisch zu sein, um sich wirklich für Politik zu interessieren.

## Keltische Mystik

Wo in Irland findet man noch Spuren der alten keltischen Mystik: etwa in der irischen Landschaft, die zu unserem Herzen spricht; in der Meeresströmung, deren Tosen uns lebendig macht und erfrischt; in den Farbspielen am Himmel; in den Stürmen, die so tun, als hätten sie uns etwas zu sagen?

Wir leben hier in einer ländlichen Gegend. Es gibt Farmer und Geschäftsleute, deren Kinder aufs College gehen, Leute im Ruhestand. Man hört und spricht nicht mehr viel von keltischer Weisheit oder von Feengeschichten. Und doch strahlen die Leute in ihrer Freundlichkeit etwas aus, als hätten sie ihre innere Spiritualität, über die man nicht zu reden braucht. So einer ist auch Christian. Vielleicht gefällt es ihm deshalb so gut hier.

Warum erfüllen uns alte Bauwerke und Ruinen so oft mit einer heiligen Scheu, einer Mischung aus Wehmut und Faszination? Welche Gefühle haben die ehemaligen Einwohner zurückgelassen? Warum kommen Leute aus reicheren Ländern nach Irland? Warum ziehen sie nicht in wärmere, sonnigere Länder, wo man in einem warmen Meer baden kann, wie auch andere das tun?

Irland muss eine Sehnsucht ansprechen, die, wie es scheint, in den Heimatländern nicht erfüllt werden kann. Viele finden jedoch auch hier nicht, was sie suchen, und reisen wieder ab. Ernüchtert finden sie es plötzlich zu nass, zu kalt, zu stürmisch und was der Klagen mehr sind. Die Iren, die fast jeden willkommen heißen, der zu ihnen will, fragen sich dann: *„Warum wollen sie denn überhaupt nach Irland kommen, wenn ihnen hier alles nicht passt?"* Vielleicht vermissen diese Reisenden die gepriesene keltische Weisheit.

Gibt es die keltische Weisheit noch?

*John O'Donohue (2010)* schrieb, dass Geister und Feen und andere unsichtbare Wesen einst die verborgenen Nachbarn waren. Nun seien Felder und die Vorstellungskräfte leerer und ärmer geworden. Wenn wir diese Ära überleben wollen, dürfe die Erde weder weiter vergiftet noch gesprengt werden. Er war sich sicher, dass es eine massive Rückkehr zu der unsichtbaren Welt geben wird und wir eine neue Spiritualität erfahren werden.

Einer der traurigsten Verluste sei durch die Ungläubigkeit in Bezug auf die unsichtbare Welt entstanden: der Verlust der Engel.

Feen sind keine Engel, es sei denn, es sind gefallene Engel, wie manche glauben, die aus dem Himmel auf die Erde gefallen sind und sich irgendwo zwischen Gut und Böse in einem Zwischenraum etabliert haben. Sie sind keine bösen Teufel, aber auch keine Engel mehr, sondern eine Spezies dazwischen – Feen eben. Zwar können sie Gutes tun, Wünsche erfüllen, die aber oft kein Glück bringen. Sie helfen, aber sie verführen auch.

Elfen dagegen gelten als gut. Sie seien als Helfer Gottes in der Natur eingesetzt und könnten zu Engeln werden. Von Feenwesen wird gesagt, dass sie glauben, keine Seele zu haben. Was ist das Wesen der Feen? Sie wollen Freude und Lust haben und den armen Menschen Freude bereiten, indem sie ihnen Wünsche erfüllen oder sie gar in ihr unterirdisches Reich einladen. Aber wehe, die Menschen wollen ihnen die Freude verderben oder sich wieder von ihnen lösen, dann können sie sehr, sehr böse werden, wie man aus dem Märchen „Dornröschen" entnehmen kann, wo eine 13. Fee nicht zur Taufe der Prinzessin eingeladen wurde.

Das Prinzip eines Leidensweges, der zur Erlösung führt, wollen sie nicht akzeptieren. Sie wollen keinen dornigen Weg zum Himmel gelten lassen, sie glauben, ohne Seele ohnehin nicht in den Himmel zu kommen. Daher wollen sie kein **über**irdisches Reich, sondern ein **unter**irdisches im Innern der Erde, ein Reich der Freude und Lust. Weiß der Himmel, warum sie dem Tod nicht unterworfen sein sollen. Können sie ohne Seele überhaupt leiden oder Schuld empfinden? Ohne Leid ist keine Leidenschaft. Können sie überhaupt wirklich lieben oder um einen Verlust trauern? Ich kann mir nicht vorstellen, dass sie keine Seele haben. Tiere haben eine Seele, Pflanzen haben eine Seele, auch Häuser, denke ich, haben eine Seele. Alles ist beseelt! Warum wollen Feen keine Seele haben?

Mit der Zeit fehlt genau diese Intensität den Menschen, die sie in ihr Reich der Erfüllung aller Wünsche entführt haben. Sie sehnen sich nach diesem Etwas, das ihre Seele ausmacht: nämlich nach der mitfühlenden Leidensfähigkeit und dem Trost der Tränen und dem daraus wieder hervorgehenden Frieden und der Liebe. Wir leben aus einem Spannungsfeld der Gegensätze. Gleichförmig alles zu erlangen, was wir uns wünschen, wäre uns mit der Zeit sehr langweilig. Unsere Liebesfähigkeit würde verkümmern, sogar die Lust wäre nicht mehr lustvoll.

Vielleicht sind Feen auch aus dem Hauch unserer Sehnsucht gebildet und verschwinden wieder, sobald unsere Not ein Ende hat. Gibt es das überhaupt: keine Not und keine Sehnsucht? Gute Feen füllen eine Lücke in unserem Seelenleben. Können Meditationen solche Feen ersetzen?

# Eine der ältesten Meditationen

Den Menschen früherer Zeiten mag neben ihren religiösen Ritualen noch etwas gefehlt haben, um mehr zu sich selbst und damit auch näher zu dem göttlichen Funken in *ihnen* zu kommen. Das haben sie mit uns gemeinsam. Es muss etwas sein, das von innen heraus heilt. Die von *John O'Donohue* aufgefundene Meditation aus alter Zeit mag diesen Wunsch erfüllen. Er stellte diese in *Anam Cara (1997, S. 67)* vor.

*„Jeder von uns ist von einem geheimen Seelenlicht umgeben. Diese Erkenntnis ermöglicht uns eine neue Form von Gebet.*

*Schließen Sie die Augen und entspannen Sie sich in ihren Körper hinein. Stellen Sie sich ein Licht vor, das Sie umhüllt – das Licht Ihrer Seele. Ziehen Sie dieses Licht mit der Atemluft ein und lassen es mit dem Atem allmählich durch Ihren ganzen Körper fließen.*

*Stellen Sie sich vor, dass wir beim Einatmen dieses Licht in uns hineinziehen und beim Ausatmen die Finsternis oder innere Schlacke ausstoßen. Kranke sollte man dazu ermuntern, auf diese körperliche Weise zu beten. Mit Hilfe dieses heilenden, läuternden Seelenlichts stellen wir die leidenden Bereiche unseres Körpers von innen wieder her."*

Dieses Zitat habe ich vollständig wiedergegeben, weil es meine Ausführungen unterstützt und ergänzt.

Meditation kann ein Gebet ohne Worte sein. Viele Menschen beten und können Gott doch nicht spüren. Die östlichen Völker gehen einen umgekehrten Weg. Sie suchen die Stille, machen sich leer von Gedanken, um Erleuchtung zu finden.

Für uns westliche Menschen ist es schwer, an gar nichts zu denken. *Nichts* soll sein, nichts soll uns ablenken, damit eine Verbindung zu unserem göttlichen Urgrund entstehen kann. Viele Meditierende wollen die Meditation *„gott-frei"* halten.

Beim *Nichts* stehen zu bleiben kann durchaus entspannend sein, weil es den Kopf freimacht und regeneriert. Zudem ist die Rede davon, dass *Nichts* auch *Alles* ist.

Da die Gedankenleere zunächst so schwer zu erreichen ist, hilft uns die Vorstellung des Lichtes, um uns nicht im Dunkel des *Nichts* zu verlieren. Den Atem brauchen wir uns nicht vorzustellen, der ist immer da, an den können wir uns halten, wenn wir in unsere Innenwelt eintauchen. Wenn wir ihm unsere bewusste Wahrnehmung schenken, kann er uns beruhigen, energetisieren und heilen. Er kann uns in unsere Tiefe führen und innere Räume erschließen, einen Ort finden lassen, an dem wir uns wohl und geborgen fühlen.

Die Meditationsempfehlung *John O'Donohues* ist deshalb so wertvoll, weil sie das Licht mit dem Atem verbindet. Wenn wir uns auf Licht und Atem konzentrieren, können anfliegende Gedanken in unserem Kopf nicht mehr landen und unsere meditative Stille stören.

## Soziale Bereiche

Auch in sozialen Bereichen und im Umweltschutz war *John O'Donohue* aktiv. Er warnte davor, nach Irland auszuwandern. Die Einreisenden wollten die Stimmung und das Flair von Irland, aber den Komfort, den sie von zuhause gewohnt sind, und trieben damit die Immobilienpreise derart hoch, dass kein normaler Ire sich noch ein Haus leisten könne. Er kam aus dem ländlich geprägten Westen und erkannte den Einfluss finanziell stärkerer Interessenten auf die lokalen Immobilienmärkte und die daraus erwachsende Gefahr für die Bevölkerung.

Wir sind trotzdem nach Irland gekommen. Die Preise der Häuser waren zu dieser Zeit nicht mehr so niedrig wie noch fünf Jahre vorher, aber doch noch in einem für uns erschwinglichen Rahmen. Wir setzten das Haus hauptsächlich in Eigenleistung instant, erneuerten Fußböden und Decken, ließen eine Zentralheizung einbauen, gaben Elektroarbeiten und

Installationen in Auftrag, machten das Haus wasserdicht und isolierten Dach und Wände mit natürlichen Materialien.

Schon zwei Jahre später zog der wilde Tiger die Preise exorbitant in die Höhe, und es trat genau das ein, wovor *O'Donohue* gewarnt hatte. Die Iren selbst trugen das Ihre zu dieser Situation bei. Sie wollten mit Gewalt aus der Armut und der Enge ihrer Behausungen heraus, bauten sich große, feudale Häuser, die von den Banken großzügig finanziert wurden, ohne die Bonität ausreichend zu hinterfragen.

## Das Innere eines Cottages

Die ehemals kleinen Cottages quollen über von Kindern. Eines in unserer Nähe, noch kleiner als unseres, beherbergte eine elfköpfige Familie. So ein Cottage wurde meist nach demselben „Erfolgsmodell" erbaut. Man gelangt von draußen direkt in den living room, auch "hall" genannt. Dies ist der größte Raum des Hauses. Von ihm führt an der rechten und linken Wand je eine Tür zu einem kleinen Nebenraum. Meist an der rechten Wand sieht man den großen offenen Kamin mit einem kleinen eingemauerten Sitz, auf dem man sich niederlassen und wärmen konnte. Die Feuerung war groß genug, um darauf zu backen und zu kochen.

Auf die Dauer hat sich jedoch solch ein Feuerplatz als unpraktisch erwiesen, und zwar wegen seiner Schmutz- und Rauchbelästigung sowie ungleichmäßiger Wärmeverteilung. Daher wurde er irgendwann wieder zugemauert und ein Herd an seine Stelle gesetzt. Dieser bot mehr Wärme, und man konnte hervorragend darauf kochen und backen ohne verrußte Töpfe. Bei geöffneten Türen heizte er das ganze Haus. Bevor die Zentralheizung in die Häuser einzog, sorgte der Herd auch mit seinem Anschluss an einen kupfernen Wasserboiler für warmes Wasser im Haus.

Vor einigen Jahren wurde hinter unserem Gelände ein großes, schönes Haus erbaut. Ein junges Paar zog ein. Zwar fragten sich manche, warum sich zwei junge Leute so ein großes Haus bauten. Aber das Paar blieb nicht lange allein. Inzwischen haben sie zwei Söhne und zwei kleine Töchter.

Als schließlich der Tiger lahmte, zeigte sich, dass viele mit der Kreditlast überfordert waren. Notgedrungen mussten einige ihr Haus wieder verkaufen, ohne einen angemessenen Preis dafür erzielen zu können. Auch Geschäfte mussten schließen, viele standen vor dem Ruin. Die Selbstmordrate in Irland stieg. Um dem entgegen zu wirken, entwickelten sich Initiativen, gefährdeten Menschen zu helfen.

Jetzt scheint es wieder aufwärts zu gehen mit Irland. Braucht Irland einen neuen Tiger? Wohl besser nicht. Keinen neuen Sprinter, eher ein ausdauerndes, gelasseneres Wesen.

Schon zu Zeiten des Tigers hatte die Pubkultur in Irland gelitten. Als wir hier ankamen, gab es in dem kleinen Nachbarort fünf Pubs, in denen sich die Leute trafen. Jetzt existieren nur noch drei. So wie gewohnt findet man die alte Pubkultur kaum noch. Das Rauchverbot, dazu die strengeren Alkoholkontrollen führten zu einem Abbau dieser Kultur, aber auch zu einem Rückgang der Todesfälle durch Trunkenheit am Steuer.

Dennoch sollte die Pubkultur in Irland nicht untergehen. Einen Raum zu haben, wo man sich mit Freunden, Nachbarn und Fremden treffen kann zum Reden, Feiern, Lachen, Tanzen und Musizieren ist wunderbar für das Gemüt, für Herz und Seele. Wein und Bier waren zur Freude der Menschen und ihrer Entspannung gedacht. Der darüber hinausgehende Durst kann auch mit noch mehr Alkohol nicht gestillt werden. Dafür bedarf es einer Spiritualität im Geiste der Freundschaft und der Liebe.

Der neue Wohlstand zu Zeiten des Tigers führte zu einer Umstrukturierung in der Gesellschaft. Da sich Arbeit endlich lohnte, hatten viele keine Zeit mehr, sich im Pub zu treffen. Wie auch in anderen Ländern, entspannen sich die Iren am Abend eher daheim vor dem Bildschirm. Selbst Partys finden immer mehr in Privathäusern statt. Geschäftige Leute können es sich nicht leisten, ihren Führerschein wegen Trunkenheit am Steuer zu verlieren. Sicher brauchen sie auch ihre Abende zu Hause, um sich von der Geschäftigkeit des Tages zu erholen. So ist der Stress auch in Irland eingezogen.

Im Rahmen der Globalisierung ähneln sich die einzelnen Länder immer mehr. Was den speziellen Charme Irlands ausmachte, scheint im Begriff, sich aufzulösen. Die EU bietet etwas dafür. Wieviel Individualität dürfen die einzelnen Länder behalten, wenn sie näher zusammenrücken wollen um des größeren Friedens willen und wegen wirtschaftlicher Vorteile?

Eines aber ist sicher: Das irische Wetter und die irische Landschaft bleiben einzigartig!


# Großgrundbesitzer

Wenn man im ländlichen West-Irland ein Haus kauft, erwirbt man in aller Regel ein großes Grundstück dazu. Wir sind stolze Besitzer von 4000 m$^2$ Land! Was man darauf alles machen kann! In Deutschland hatten wir 50 m$^2$ Gartenfläche, dafür dreimal so viel Wohnfläche im Haus. Ich träumte von einem schönen, großen Garten und verdrängte, dass ich schon im Ruhestand war und die Gartenarbeit inzwischen mühevoller ist und langsamer vonstattengeht. So nebenbei erledigt sich das nicht mehr. Christian, der um einiges jünger ist als ich, hilft mir bei schwereren Arbeiten.

Jederzeit einen rundum gepflegten und aufgeräumten Garten zu haben, kriegen wir beide nicht hin. Christian ist da gelassener. Was nicht fertig wird, bleibt liegen. Disharmonien stören ihn nicht. Aber die Pflanzen werden in der Regel gut versorgt, an seinen handwerklichen Arbeiten haben wir beide unsere Freude.

Bei mir besteht eher eine Diskrepanz zwischen meinen Gestaltungs- und Pflegewünschen und meinen Kräften, sie umzusetzen. Muss mir das Kopfschmerzen bereiten?

Dabei liebe ich es, im Garten zu sein. Auch die notwendigen Tätigkeiten kann ich durchaus genießen. Ich bewege mich in der frischen Luft und pflege meine Pflanzen. Die Erde lässt Energien aufsteigen, die nicht nur Blumen erblühen lassen, ich blühe selbst auch auf dabei. Im Frühjahr befreie ich die Erde auf den Blumenbeeten von dem Pflanzenteppich, der sich zum Schutz des Bodens gebildet hat, um den Frühblühern ihren Aufstieg zu ermöglichen. Das wird eine Prachtentfaltung werden! Ich wachse mit den Pflanzen, blühe mit den Blumen.

Doch aus jeder neuen Ordnung entsteht auch wieder neues Chaos. Die Blumen verblühen, und ich entferne ihre sterblichen Überreste, um ihnen eine Wiederkunft im nächsten Jahr zu ermöglichen. Ich trauere nicht zu lange, denn schon bereiten die Rosen ihre Entfaltung vor. Die noch kahlen Zweige mitsamt den voreiligen Trieben müssen jetzt ein wenig gestutzt werden. Schade drum, denn die grünten doch schon so schön. Andere Sommerblumen benötigen keinen Extra-Service. Die Kräuter dürfen ihr Blattwerk über den Winter behalten, um die Pflanzen zu schützen. Sobald im Frühling das Verwelkte entfernt wird, starten sie durch und strotzen vor frischen Säften und Düften in ihren neuen Sprossen. Ich freue mich schon auf die grüne Sauce im nächsten Jahr.

Besonders wichtig ist mir mein großes, rundes Salatbeet. Ein Längs- und ein Querstreifen, mit flachen Steinen ausgelegt, dienen als Weg und teilen die Fläche in vier gleich große Teile. Diesmal hatte ich mir die Arbeit erleichtert: kein Vorziehen der Salate, sondern Direktaussaat mit verschiedenen, schnell keimenden Blattsalaten, die nachwachsen, wenn man sie geschnitten hat. So ernten wir das ganze Jahr über frische Salatmischungen, ohne nachzusäen.

Wir müssen darüber nachdenken, wie wir den Garten pflegeleichter gestalten können, das erspart Arbeitskraft. Ein Garten zum Wohlfühlen, zum darin Wohnen, ein heilsamer Garten, ein Meditationsgarten, ein Wellnessgarten: das alles kann ein Garten sein. Er darf auch noch ein paar wilde Ecken haben; Komposthaufen und einen Berg mit nicht kompostierbaren Abfällen, Heckenschnitthaufen, die darauf warten, geschreddert zu werden an trockenen Tagen, die wir dann jedoch lieber für wichtigere Tätigkeiten verwenden.

So ein Garten will geliebt werden, trotz all seiner Dreckecken. Es gibt Wohlfühl-Oasen, die in sich harmonisch sind. Hier kann ich mich niederlassen und ausruhen. Es erfolgt ein Energieaustausch zwischen den Pflanzen und mir. Lässt man sich auf einzelne Pflanzen ein, kann man spüren, dass sie unterschiedliche Ausstrahlungen haben. Ich bin sicher, die Pflanzen empfangen auch meine Ausstrahlungen. Selbst wenn ich nur entlangstreife, habe ich meine Freude an den blühenden und nicht-blühenden Pflanzen. Sicherlich freuen sie sich auch über meine Anwesenheit, mein Lob und meine Dankbarkeit.

## Wer war vor uns da?

Die Vorbesitzer unseres Geländes waren Billy und Jenny. Sie hatten den Garten einmal angelegt, ihm eine gute Struktur gegeben, die wir weitgehend so beibehalten haben.

Der Briefträger, der uns die erste Post brachte, als wir eingezogen waren, wollte uns das Haus besonders ans Herz legen: *„Habt das Häuschen lieb! Hier haben sehr liebe Leute drin gewohnt."* Er sprach von einer ganz besonderen Liebesgeschichte, die Billy und Jenny miteinander verbunden habe. Vor ihrem Lebensende seien beide sehr krank gewesen, daher sei das Grundstück so verwildert. Erst sei Jenny gestorben, wenige Wochen später sei Billy ihr gefolgt. Zwei Rosenbüsche und eine Hortensie im Vorgarten haben sie überlebt.

Ich bin mir oft dessen bewusst, dass diese beiden Menschen mit ihren drei Kindern vor uns hier waren. Vielleicht können sie im Geiste sehen, was wir aus ihrem Anwesen gemacht haben. Wir bemühten uns, auf der ehemaligen Schönheit aufzubauen in unserem individuellen Rahmen. Vielleicht können sie uns ihren Segen dazu geben, wenn sie im Geiste mal vorbeikommen, wie ich auch Gottes Segen für sie erbitte.

Einmal habe ich Christian gefragt, was mit dem Garten passiert, wenn wir mal nicht mehr so können. *„Mach Dir darüber keinen Kopp"*, meinte er,

*„dann lassen wir eben wieder alles zuwachsen!"* Und irgendwann wächst Gras auch über uns. Ich versuche, meinen „Kopp" da noch rauszuhalten, bevor er mir ganz zerbricht. Irgendwann werden wieder andere Menschen in diesem Haus wohnen. So ein Anwesen besitzt man nur vorübergehend, um es dann weiter zu geben.

## Gartenruhe

Noch ein letzter Schnitt für den Rasen, die Rosen kriegen noch eine Extra-Erdschicht um sich herum, um vor dem Frost, der in Irland aber wegen der Wärme des Golfstromes nur selten vorkommt, geschützt zu sein. Einige Pflanzen fühlen sich auf ihrem Platz nicht wohl und müssen umgesetzt werden. So ist eine Kamelie dreimal umgezogen, bis sie sich endlich entwickeln konnte. Die Hortensien tragen ihre Blüten noch stolz bis in den Winter hinein. Ein Rosenbusch mit kleinen, pinkfarbenen Röschen hängt noch voller Blüten und Knospen. In nicht so kalten Wintern blüht er auch in dieser Zeit. Unter der Erde betreiben die Frühlingsblumen ihre Transformation in den Blumenzwiebeln. Tod und Auferstehung liegen bei den Pflanzen näher beieinander als bei uns Menschen. Trauern Pflanzen auch, oder trauern nur wir, weil sie uns wieder verlassen? Man sagt, eine Pflanze trauere, wenn sie nicht gedeihe. Finden wir heraus, was ihr fehlt, blüht sie wieder auf. So geht es auch mit uns.

Mein Kopf macht mir mal wieder Sorgen. Ich weiß schon, es ist die Gelenkentzündung in meinem Kiefer, die in meinen Kopf ausstrahlt – hatte ich schon öfter.

## Noch eine Art von Meditation

Ich gehe in mich hinein in das Innere meines Körpers und spüre, wie mein Atem die Schichten meines Körpers hebt und senkt. Der Brustraum weitet sich, Stille breitet sich aus. Ein Lächeln kommt auf. Was für Energien sind da wohl am Werk? Sie steigen die Wirbelsäule hinauf und versuchen, in meinen Kopf vorzudringen. Da scheint die Halswirbelsäule etwas blockiert, sodass der Energiestrom nur langsam vorankommt. Vom großen Wirbelknochen aus bemühe ich mich, den Weg freizumachen, sende bunte Strahlen zum Kopf. Ich gehe mit meinem Bewusstsein in meinen Kopf hinein und entdecke Räume, Augenhöhlentore und Tore um die Ohren herum. Ist da ein wenig Nebel, Schmerz, Druck? Eine dunkle Wolke unter meinem Schädeldach sucht sich zu behaupten, krallt sich an meinen Schläfen fest, heftet sich an die Nasenknochen.

*„Zu viel Schmerzmittel in letzter Zeit"*, beschwert sich die Wolke, *„aber ich bin so leicht nicht zu vertreiben. Gut, dass Du aufgehört hast, mich mit Deinen bunten Chi-Strömen zu traktieren."*

*„Was hält Dich denn schon so lange hier fest? Warum bist Du hier?"*

*„Ich beschütze Dich!"*

*„Was? Wovor willst Du mich beschützen?"*

*„Vor Deinen Gefühlen, was denn sonst! Würde ich Dich nicht ständig einnebeln, müsstest Du Deine Gefühle mehr spüren, Deine Angst, Deine Sorgen, Deine Bitterkeit!"*

*„Du nebelst auch meine angenehmen Gefühle ein. Schützen? Du nimmst mir Kraft und trübst meine Lebensfreude! Weißt Du, wie bitter und beängstigend es ist, ständig Kopfschmerzen zu haben?"*

*„Wenn Du mich nicht brauchen würdest, wäre ich nicht da."*

*„Und wie werde ich Dich wieder los?"*

*„Du bist ja schon dabei, Dir den Kopf frei zu schreiben, seit Du hier in diesem Cottage sitzt und Deinen Gefühlen freie Bahn lässt. Ich kann mich nur noch mühsam festkrallen. Wo soll ich denn hin?"*

*„Da habe ich eine Idee, wie ich Dich aus meinem Kopf befreien kann: Hänge Dich einfach an meinen Atemstrom, dann kannst Du die Nase hinausgleiten und bist frei, Dich den Himmelswolken anzuschließen und mit ihnen zu spielen!"*

*„Das wäre schön. In Deinem Kopf wird es mir langsam zu ungemütlich. Dann darfst Du aber nicht mehr an mich denken, sonst muss ich gleich wieder zurück!"*

Ich öffne das Fenster und atme die dunkle Wolke aus. Als ich merke, dass sie noch ein wenig zögert, helfe ich mit meinen bunten Energiewellen nach, die Wolke in den Novemberhimmel auszutreiben.

Als ich jedoch in der darauffolgenden Nacht erwachte, waren die Kopfschmerzen wieder da. Die Wolke presste sich unter das Dach des Schädels.

*„Hast Du mich vermisst?"*, fragte die Wolke.

*„Warum sollte ich Dich vermissen?"*

*„Wenn Du nachschaust, ob ich noch da bin, bin ich wieder da."*

*„Dann werde ich ein wenig lesen und Dich darüber vergessen."*

Nach einer halben Stunde legte ich das Buch beiseite und versuchte, mein Gehirn und meinen ganzen Körper zu entspannen, indem ich alle Regenbogenfarben nacheinander durch meinen Kopf ziehen ließ, die sich dann in Wellen über meinen Körper ausbreiteten. Ich sank von Alpha- bis zu Thetawellen (Stadien der Meditation) tiefer und tiefer, bis ich wieder eingeschlafen war und von einer kleinen, dunklen Wolke träumte, die sich in ein kleines, weißes Wolkenschäfchen am Himmel verwandelt hatte.

Mit dem November geht das Jahr dem Ende zu, es hat aber noch ein wenig Zeit zu verweilen. Im November des Lebens ist der letzte Monat noch nicht angebrochen. Es ist die Zeit zur Besinnung, aber auch die Zeit für Aktivitäten. Noch einmal alles geben. Noch einmal jung sein.

# For ever young

In Amerika gründete der Musiker *Bob Cilman* einen Chor mit Leuten im Alter von 75 bis 92 Jahren. Der Chor wurde ein voller Erfolg in Amerika und Europa. Die Teilnehmer waren musikerfahren, meist mit klassischer Musik. Sie waren bereit, Neues zu wagen, sangen und parodierten berühmte Punk- und Rock-Songs. Ihr Alter wollten sie nicht kaschieren, sondern ganz real darstellen, ihre Gefühle hinausschreien.

Hinter ernsten Themen stand pure Lebensfreude. Jede Falte eine Aussage aus einem vollen Menschenleben, jede Bewegung ein energiegeladener Ausdruck. Der ganze Gefühlsreichtum fand ein Ventil in der Stimme, auch wenn sie schon etwas brüchig klang, und in der rhythmischen Bewegung. Kein Wunder also, dass Zuhörer in großen, vollbesetzten Sälen in Stürme der Begeisterung ausbrachen. Die Sänger zeigten Lebensfreude pur, Besinnlichkeit und Liebesfähigkeit, aber auch Trauer – Mut, trotz Angst und Verzweiflung, die auch aus den zuckenden Mündern sprach. Ein Regisseur vom BBC, *Stephen Walker*, filmte den Chor vor einem großen Auftritt bei ihren sechswöchigen Proben. Zwei Chormitglieder starben in dieser Zeit. Eine 93jährige, eine wichtige Sängerin des Chores, starb kurz nach dem Auftritt. Zu Ehren ihrer toten Mitglieder sang der Chor "For ever young" von *Bob Dylan*.

"Young @ heart" lautet ihr Motto. Jungsein ist keine Frage des Alters, sondern ein Geisteszustand. Mit ihrer Lebensstrategie machten sie auch Insassen in einem Gefängnis, in dem sie auftraten, Freude und Mut. Die „schweren Jungs" schmolzen nur so dahin. Sie sahen alte, zum Teil schon gebrechliche Menschen, die sich weigerten, sich aufzugeben.

Warum sollten wir schon vor dem Tode absterben? Lebendig sein bis zum Tode und darüber hinaus ist eine gute Lebenseinstellung.

*John O'Donohue* sprach in einer Weihnachtssendung so tröstlich über den Tod, wie er es auch in seinen Büchern stets getan hatte. Kurze Zeit darauf starb er plötzlich im Alter von nur 52 Jahren. Später erfuhr ich, dass er selbst große Angst vor dem Tod hatte. In seiner intensiven Auseinandersetzung mit dem Tod fand er sicher auch für sich selbst Trost. Dieser Trost und viele andere Schätze der keltischen Weisheit sind sein Vermächtnis an uns.

Vor längerer Zeit hatte ich folgenden Traum: Ich wusste, ich muss sterben. Den Grund hatte ich nicht erfahren. Es klang definitiv und unabänderlich. Nach einem inneren Aufruhr wurde ich ruhig und gelassen. Damit endete der Traum. Ich wertete ihn nicht als Zeichen eines kurzfristig auf mich zukommenden Todes, sondern nahm ihn als ein Zeichen: Wenn Du eines Tages stirbst, kannst Du ruhig und gelassen sein.

Manchmal packen mich Ängste, und ich gerate in Panik. Dagegen kann ich nichts tun. Aber meistens gelingt es mir, meine Balance wieder zu finden. Ich hoffe, dass mir dies auch hilft im Angesicht des Todes.

Noch kann ich nicht gehen. Ich werde noch gebraucht. Ich wünsche mir noch eine gute Zeit mit Christian, meinem lieben Ehemann, obwohl er angeblich meine Blumen nicht mag. Mit allen meinen Lieben – ob in Deutschland oder in Irland – möchte ich noch in ganz und gar irdischer Verbindung bleiben. Nein, ich habe noch keine Absichten, das Zeitliche zu segnen. Aber jeder sollte gerüstet sein: ob er heute stirbt oder erst in ferner Zukunft.

Der November ist nun zu Ende. Auch meine Kopfschmerzen sind wieder einmal gegangen.

## November

Die Natur trägt ihre Schätze zu Grabe.

Die Erde zieht die abgestorbenen Pflanzenteile

in sich hinein

und bereitet ihre Auferstehung im Frühjahr vor.

Die Teppiche aus Gras haben ihr Grün

in die Erde gehaucht,

bleiben aber weiterhin geknüpft,

um die Erde zu schützen.

Ihre Halme sind ohne Leben, strohig und fahl.

Um uns herum leuchten die Halme

in der Novembersonne golden auf,

bevor sie sich vor Sturm und Regen ducken

und an den Boden pressen.

Die alte Grasmatte ernährt die neuen Gräser,

die im Frühjahr durch sie hindurchwachsen.

# Nachwort

In dem besagten November 2014 war dieses Manuskript erst einmal fertiggestellt. Erst im folgenden Januar nahm ich es wieder zur Hand, um es zu bearbeiten und zu ergänzen. Mittlerweile ist es wieder November geworden. Der verregnete Sommer erlaubte mir, mich immer wieder hinein zu vertiefen.

Besonders in der Mythologie der irischen Frühgeschichte hatte ich mich verfangen. Dies scheint eine unendliche Geschichte zu sein. Die noch immer nicht eindeutig geklärten historischen Zusammenhänge räumten der Mythologie einen großen Freiraum ein und erlaubten, die Geschichten in Variationen zu erzählen.

Welche wirklichen Geschehnisse transportieren Überlieferungen oder die Lieder der Barden, die erst von christlichen Mönchen aufgezeichnet wurden? Was ist wirklich Wahres daran?

Fundstücke, die ich in meinen Nacherzählungen zusammengetragen habe, können nur Bruchstücke sein, die einen Sinnzusammenhang zu finden versuchen.

Jetzt, im November 2015, beende ich die Niederschrift meiner Reflektionen nach einem November, der sich über ein ganzes Jahr hinzog.

# Literaturverzeichnis

*J. C. Beckett,* Geschichte Irlands, Stuttgart 1997

*Sylvia und Paul Botheroyd,* Lexikon der keltischen Mythologie, München 1996

*Joseph Campbell,* Mythologie des Westens, München 1996

*John O'Donohue,* Anam Cara, München 1997

*John O'Donohue,* Four Elements, New York 2010

*Frederik Hetmann,* Die Reise in die Anderswelt, Krummwisch 2001

*Rudolf Jockel,* Götter und Dämonen, Wiesbaden

*Alice Taylor,* So wird es nie mehr sein, Göttingen 1995

Zeitfracht Medien GmbH
Ferdinand-Jühlke-Straße 7
99095 Erfurt, Deutschland
produktsicherheit@kolibri360.de